DEI PLATTDÜTSCHE URLAUB

Wolfgang Mahnke

DEI PLATTDÜTSCHE URLAUB

Plattdeutsche Geschichten

HINSTORFF

INHALT

ICK WILL FRÄDEN!

Ick will Fräden!
Oewerall, hier un hüt,
Wiel ick dat beläwt hew,
Wat Krieg bedüht.

Ick seih noch Panzer
Un Lieken up Straten,
Ok väl Ruinen,
Von Minschen verlaten.
Hür noch Sirenen,
Dat Bombergedröhn,
Ein Mudder schriegen,
Dotschaten ehr Söhn!

Nähmt all' Kriegsdriewers
Dei Macht ut ehr Hänn!
Süss nümmt up uns' Ierd
Dat Murden kein Enn!

Ick will Fräden!
Oewerall, hier un hüt,
Wiel ick noch sihr gaut weit,
Wat Krieg bedüht.

April, April!

As wi vör fiefundörtig Johr uns' Bungalows up dei Wisch an't Warnowäuwer upstellten, wüss dor blot spillerig Gras. Duerte oewer nich lang, bet Hecken plant un Blaumenrabatten anleggt wiern. Mit Nahwer Friedrich bün ick dunn oewerein kamen, dat dei Weg twüschen uns' Bungalows von Böm sümt warden sall un twors mit Kiefern, up jed Siet vier. Ick hew mi dei ut ein Bomschaul in Rostock halt, Friedrich köffte sien in Güstrow. –

Wat dei intwüschen upschaten sünd un utleggt hebben! Wi müssten all Twieg afsagen. Dei Vördeil is, dat sei in'n Sommer orrig Schatten schmieten, dei Nahdeil, dat sei ümmer bannig nadeln, besonners in'n Harwst un Winter.

Ick wier bi'n „Frühjohrsputz" un harkte grad disse Nadeln up unsen Weg tausamen un twors von mien Siet nah dei Midd. Friedrich kem ut sienen Schuppen, lähnte an'e Gornpurt un kek sick mien Daun an. Ierst nähm hei denn' Weg in Ogenschien, nahst mi un säd denn 'n bäten gnatterig:

„Worüm harkst du dei Nadels all tau mien Siet roewer?" Hei harr nich orrig henkäken. Dei Nadeln legen in'e Midd. Un dei von sien Siet wull ick dor ok ranharken un sei denn tau uns' Gräunschnitteck koren. Man nu schlög dei Schalk in mi dörch un ick säd: „Wiel dat alltausamen dien Nadeln sünd!"

„Nu ward 't rieten", zausterte Friedrich, „mien Nadels? „Sünd dat nich ok dien Nadels? Dat heit, wenn 'n dat richtig süht, uns' Nadels?"

„Dat denkst du, stimmt oewer nich! Un wo du nu all dormit anfangst, will 'k di mal wat seggen: Wenn du vör fiefundörtig Johr nich so giezig wäst wierst, harrn wi gor kein Nadeln up 'n Weg!" Friedrich kek vör sick dal un kratzte sick an'n Kopp. Bäten giezig wier hei, dat wüsst hei sülben un kem nu in 't Grüweln:

„Ick krieg in dien Würd kein'n Klauk in. Wat sall dat heiten, gor kein Nadels?"

„Dat will 'k di giern verkloren", säd ick, täuwte oewer 'n bäten dormit, wiel Jörg, mien anner Nahwer, uns räden hürt harr, niegelich worden wier un nu tau uns rümstäwelt kem. As hei dicht naug ran wier, spulte ick mien Gorn af.

„Ick hew dunnmals Pinus silvestris non nadelensis köfft, wat up hochdütsch heit: Die nichtnadelnde Gemeine Kiefer. Hett twors dat Stück twei Mark mihr kost, oewer", un ick wieste up mien Böm, „sei nadeln nich, orer sühst du drög Nadeln an ehr? Man du, Friedrich, hest di dei einfachen, billigen Pinus silvestris halt, dei as dull mit ehr Nadeln üm sick schmieten!" Friedrich kek Jörg an un nickte mit 'n Kopp tau mi roewer:

„Hei lücht. Dat hett hei sick doch wedder utdacht, orer?"

„Nee, nee", säd Jörg, dei up dat Brüden ingüng un vör 'n halw Stunn ok grad harkt harr, „kiek di mien'n Weg an! Dor liggen kein Nadeln, denn ick hew akkerat so'n Böm as Wolfgang." Friedrich schüddköppte un stampte mit 'n Faut up:

„Dod un Düwel oewer ok, dat ümmer wedder mi sowat passieren möt! Körtens ierst dei Rinfall mit dei billigen Schruwenschlötel. Schnäppchen hebben sei up 'n Bumarkt seggt. Un wat wier? Einmal ansett un gliek afbraken!" Denn güng hei mit 'n Kopp nah unn'n dörch sien Purt un verschwünn achter dei Heck.

„Will'n wi em würklich dormit lopen laten?", frög Jörg.

„Lat em ruhig ein Nacht oewer schlapen", säd ick. „Morgen früh bammel ick 'n Buddel Bier mit 'n Zettel ‚April, April!' an sienen Tun. Denn weit hei, dat wi em up 'n Arm nahmen hebben. Mit uns ward Friedrich nu twors 'n poor Daag kein Wurd räden, oewer dat 's mi dei Spaß wiert!" –

MAN BLOT ...

För jedein Schiet un Schät 'n Stüer,
Wat billig wier, ward soans düer.
Dor reikt dei Lohn nich hinn'n un nich vörn,
Besonners, wenn dat Hus is vull von Gör'n.
So wiern för Schultsch poor Mihrinnahmen,
As ein lütt Taubrot sihr willkamen,

Weil s' grad ein Stuw vermeiden künn,
Dei unner 't Dack lang'n leddig stünn.
Dit Geld wull s' sporen up dei Bank,
Doch leider kem ehr wat dor mank.

„Du Mudding, wat 'k noch seggen wull,
Dei Niege driwt dat tämlich dull.
Kum dat s' sick bi uns inricht hett,
Liggt s' all mit 'n frömden Kierl in't Bedd!",
Seggt Schultsch öllst Diern, sei harr dat seihn.

„Dei driew ick furtsen ut'nein",
Röppt Mudder Schultsch, „dit 's je gediegen,
Dei ward ick bi ehr Uhren kriegen!
Giwt 't hüttaudag gor kein Moral?
Dat Wief stöt ick dei Treppen dal!"

„April, April", seggt nu dei Diern,
„Ick wull di eins up 't Glatties führ'n.
Nu krigg man keine griesen Hoor.
Dat mit denn' Frömden is nich wohr.
Nee, denk von disse Fru nich schlicht.
Vaddern is 't blot, dei bi ehr liggt!"

DEI PLATTDÜTSCHE URLAUB

Dat Mediziner-Ehepoor Radke, Franz Urolog, Elfi Ogendoktersch, harrn ehr'n Beruf an'n Nagel hängt, wieldat sei in 't Öller kamen wiern. Dorüm, oewer ok wägen denn' „Klimanotstand", wull'n sei taukünftig nich mihr in'e Weltgeschicht rümfleigen, sonnern mit ehren „Benz" Urlaub vör dei Husdör maken. Dorbi süll väl Natur un Rauh an böwelst Stell stahn. Ehr Wahl wier up Mäkelborg-Vörpommern foll'n. Man dei Ostseebäder kemen för sei as Berliner nich in Frag, wiel dor je all siet Kaisertieden oewermaten väl „Buletten" rümlopen deden.

Alls wat mit Urlaub orer Frietiet tau daun harr, wier bi Radkes siet Johren Elfis Sak. Sei surfte grad in't Internet mank Warbung för dei Mäkelborger Seenplatt rüm, as ehr ein lütt Inserat in 't Og fallen ded: „Ferienhaus mit Garage und Ruderboot im OT Poggendiek direkt am Zappensee, himmlische Ruhe, Bademöglichkeit. Café, Landkonsum, Fischräucherei und Fischgaststätte ganz in der Nähe. Anmeldung bei Frau Rauwall unter …" Nahdem Elfi sick ok noch dei Biller von dat hübsche Ferienhus un dei idyllsche Gägend ankäken harr, grep sei tau'n Hürer un harr 'n Ogenblick späder denn' Radkeschen Johresurlaub in dröge Däuker.

Wat Elfi nich weiten künn wier dei Ümstand, dat in Poggendiek blot Plattdütsch spraken würd. Dei knapp föftig Inwahner wullen dormit dat Teiken setten: „Plattdütsch läwt!“ Sei wier’n all vör Johren up disse Idee kamen. Ehr Urtsnam sall dortau denn’ Utschlag gäben hebben. Utklamüstert harr sick dat dei „Unrauhständler“ Korl Plückhahn, dei upstunns blot noch ’n hochdütsch Wurt oewer dei Tung kreg, wenn ’t partu nich anners güng. Dei Kommün harr dunnmals ahn Utnahm Plückhahns Vörschlag taustimmt. Dat „Projekt Plattdütsch“ löp sietdem vörfäutsch af, obschonst dei lütte Urt von Touristen läwte orer villicht grad dorüm. –

As Radkes mit ehren Benz up dei Poggendieker Dörpstrat inbögten, stünn Korl Plückhahn as taufällig vör sien Hus. Mercedes, Kennteiken B, dat müssten sei sin. Nahdem dat Auto vör em an’n Rönnstein tau stahn kem, Elfi utsteg un frög:

„Wo finde ich hier wohl Frau Rauwall?“, wüsst Korl, dat dei twüschen em un Rauwallsch afkatert „Brüderie“ up Platt weddereins klappen würd, denn up dei Frag harr hei luert:

„Kauhstall? Sei seihn oewer nich as ’n Veihdokter ut. Liekers sünd Sei hier verkihrt. Sei möten trügg, denn dei Kauhstall von’e Agrargenossenschaft steiht in Seedörp!“ Elfi harr kein Wurt verstahn. Sei hüll Plückhahn för ’n Utlänner un frög dorüm stamerig:

„Wo wohnen Rauwall? Wir Urlaub machen in Ferienhaus von Frau Rauwall!“ Korl künn sick dat Lachen kum verkniepen, säd denn oewer mit iernsthaft Mien:

„Ach so, nu hew ick dat orrig verstahn. Sei will'n tau Fru Rauwall. Je, dei wahnt hier. Dörpstrat 15, in't vörletzt Hus an'n See. Kieken S', dor, dat blag sträken Hus, wur baben an'n Gäwel ‚Kreigennest' steiht, dat is 't." Dat Wurt Rauwall harr Elfi grad noch ruthürt, süss wedder nix verstahn. Oewer dörch Korls Gebierden wier sei nu in'e Lag, Franz tau wiesen, wo hei henstüern müsst.

Dei öllere Fru Rauwall, ein statsch Mäkelborger Frugensminsch, empfüng ehr Gäst as afmakt, up Platt. Alltauwiet kem sei dormit oewer nich. Dat harr sienen Grund, denn ümmer wenn Elfi in Rasch kem, füng sei an tau „berlinern":

„Nu fang'n Se ooch noch mit dit Kisuaheli an, könn'n Se keen Deutsch?" Mudder Rauwall müsst lachen. Un denn verklorte sei ehr Gäst up Hochdütsch, dat sei un dei öllere Herr an'n Stratenrand ihrst ok dütsch, oewer mit Afsicht Plattdütsch, wat in disse Gägend von öltlings her tau Hus wier, spraken harrn. Dorbi kem sei up dat Projekt Plattdütsch tau spräken, wat dormit bewägt warden süll un dat dorüm in dit Dörp blot Platt spraken würd, ok in't Café, in'n Konsum un in't Fischrestaurant. För dei Urlaubers wier dat natürlich kein Plicht. Liekers würd jedein, egal wo hei in Poggendiek Quartier nahmen harr, in sien Nachtschapp twei Würderbäuker finn'n: „Hochdeutsch-Plattdeutsch" un „Plattdeutsch-Hochdeutsch". Sei künn'n hüt abend je gliek eins versäuken ruttaukriegen, wat tau'n Bispill „Poggendiek", „Kreigennest“ orer dat Wurt „Ruhrdump“ oewer dei Dör von ehr Ferienhus bedüden ded. Babentau wiern sei ok bi denn’ „Poggendieker Plattkring“ sihr willkamen, ümmer mittwochs tau Koffietiet, also morgen Nahmiddag wedder in’t Café näben denn’ Konsum. Elfi wier antauseihn, dat ehr dit alls nich in ’n Kram passte, sei trök ein Schnut. Man Franz, dei sich bether trüggholl’n harr, säd, dat hei sick mit so’n Ort „Bildungsurlaub“ möglicherwies anfrünn’n künn. –

Dat Blockhus „Ruhrdump“ un dei Garasch stünn’n up ein Betonplatt direkt an’t Zappensee-Äuwer, dei tauhürig Terrass all up Pöhl in’n See. So schmuck as dat von buten utsehg, wier dat ok binnen inricht. An’e Dörpstratsiet legen Flur, Bad un Koek, tau Seesiet hen dei grote Wahnstuw un unner dei Auken dei Schlaprum. Radkes harrn sick fix inricht un fäulten sick von’n iersten Ogenblick in dit Hus woll. Besonners andahn wiern sei von denn’ Blick up ’n See, wat sei nu in’e Wahnstuw seten orer up dei Terrass.

Abends vertehrten sei denn’ Rest von ehr „Marschverpflegung“ un kröpen denn tau Wiem. Dei Fernseh blew ut, wieldat Franz wohrhaftig in’t Nachtschapp dei Würderbäuker fünn un sien Rauh bi’t „Studieren“ hebben wull. Elfi multe ierst noch ’n Ogenblick rüm, trök denn dei Deck oewern Kopp un schlöp up ’n Pluz in. Obschonst Franz von dei lange Fohrt mäud wier, knipschte hei ierst spät sien Nachtdischlamp ut. –

As Elfi annern Morgen upwakte, stünn dei Sünn all hoch. Dat Bedd näben ehr wier leddig. Sonnerbor, denn Franz wier süss 'n Langschläper. Sei fünn em up dei Terrass. Hei set in'n Korwstauhl, Würderbäuker up dei Knei un vör em up 'n Disch legen Popier un Bliefedder. Wenn Lüd väle Johr verfriegt sünd, möt nich mihr grot nahfragt warden, ein weit ok so, wat grad in'n Kopp von denn' annern vörgeiht. Dorüm wüsst Elfi gliek, dat ehr Mann sick mit denn' Plattdütsch-Virus anstickt harr un em disse „Krankheit“ wohrschienlich so fix nich loslaten würd. Gliek nah 'n Gaudenmorgen-Kuss kem Franz ok all mit denn' Bewies dorför rut:

„Weisst du Elfi, was das hier ist? Unsere Einkaufsliste auf Plattdeutsch!“

Wenn sei nu mulen orer gor Wedderwürd seggen ded, künn dei Urlaub ein Scheiwlag kriegen. Flucht nah vörn mit 'n bäten Law wier nu dat Best. Dorüm säd Elfi:

„Alle Achtung! Was du alles kannst. Na, das passt. Denn können wir ja gleich im Café frühstücken und anschließend im Konsum einkaufen.“ Dat dat in dit lütt Dörp so ein schön Café gäben ded, harrn sick Radkes nich drömen laten. Un ein Oewerraschung gew 't noch. Sei würden von Fru Rauwall willkamen heiten, dei dat Café hürte. Dat Vermeiden von't Ferienhus wier blot 'n Taubrot för sei. In dit Café würd väl mihr anbaden, as ein denn' Namen nah vermauden künn:

Näben Koffiespezialitäten, Kauken un Torten ok Frühstück, Middagsdisch un Abendäten. Dei Spieskort gew 't up Plattdütsch un Hochdütsch. Dat wier Wader up Franzens Möhl un nahdem hei sick mit Elfi afstimmt harr, bestellte hei up Platt, wenn ok nich ganz akerat: „Zweimal Spiegeleier, Bodder und Semmel, dazu zwei Pott Kaffee."

Nahstens in'n Konsum kem Franz noch eins tau'n Tog, as hei an Hand von sien List up Plattdütsch inköpen ded. Middenmal klatschte näben em einer Bifall. Dat wier Korl Plückhahn, dei oft un giern eins mit dei Konsumwiewer schnackte. Tau Radke säd hei, dormit dei sick dat ok orrig marken künn, utnahmswies up Hochdütsch:

„Das hört sich ja schon gut an! Und vergessen Sie den Plattkring heute Nachmittag um fünfzehn Uhr nicht. Ich lade Sie herzlich dazu ein! Am Schwarzen Brett neben der Eingangstür hängt unser Monatsplan." Franz wier dei Freud oewer disse Inladung antauseihn. Elfi harr sick twors leiwer up dei Blockhusterrass sünnt, wiel oewer för nahmiddags Rägenschuer anseggt wiern, säd sei tau mittaumaken.

Korl Plückhahn harr bet tau sien Pangsionierung Dütsch un Englisch an't Gymnasium in Woren lihrt. Jüst an dei Schaul, wo ok all vör Johren Richard Wossidlo, dei bedüdende Volkskundler un Plattdütsch-Forscher, sien Daun hadd harr. Un so as dunn Wossidlo, stünn nu Plückhahn för sien Muddersprak prat. Ein düchtig Pädagog, dei äbentau mit Plie un väl Humor tau Wark gahn wier un ümmer noch geiht. Dunnmals hüngen dei Gymnasiasten an sien Lippen, hüt Lüd, dei sick för Plattdütsch intressierten, denn hei stünn denn' Plattkring vör.

An twindig Minschen wiern tau'n Poggendieker Plattkring kamen. In'e iersten sösstig Minuten kregen sei von Plückhahn tau weiten, wurans sick dei Sprak bet hüt entwickelt hett. Väle Schriewerslüd, besonners Fritz Reuter un John Brinckman hebben tau bidragen un hütig Autoren daun dat ümmer noch, dat Plattdütsch in Mäkelborg-Vörpommern ein wichtig Kulturgaut is un taukünftig ok bliwt.

Nah ein Koffiepaus leg denn Plattdütsch lihren un schnacken an. Dorbi güng dat orrig wat fidel tau, wieldat dei olle Voß Plückhahn sien „Schäuler" so plietsch in denn' Lihrstoff mit inbinn'n ded, dat dei Stunn för beide Sieden ein Vergnäugen würd. Hei künn mit disse Ort „Unnerricht" sülfst Elfi mitrieten, obschonst dei je bether mit 'n „Urlaub up Platt" nich väl an'n Haut harr. –

Abends makten Elfi un Franz sick up 'n Weg tau'n „Haben". So würd dei lütt Bucht nömt, wur dei Kahn von Heiner Kuhlmann an einen stabilen Holtsteg leg.

Fischer Kuhlmann wier bekannt as 'n bunt Hund, denn em gehürte dat grote ruhrdeckt Hus mit Fischrökerie un Laden up dei ein un Fischgastwirtschaft up dei anner Siet. Dei Lüd geben sick bi Kuhlmann dei Klink in'e Hand. Babentau harr hei sick einen Namen as Vörsitter von denn' „Plattdütschverein Zappensee" makt. Radkes lihrten em an dissen Abend kenn'n, denn Kuhlmann begrüßte dei Gäst in sien Restaurant mihrst sülben:

„Hartlich willkamen in uns' ‚Fischbaud'! Ein utdruckt Spieskort hebben wi nich, oewer baben denn' Tresen wiest ein Tafel up Platt ut, wat dei Koek för Sei prat höllt: Von A wie Aal bet Z wie Zanner, wahlwies mit Brattüffel orer Tüffelsalat! Wenn Sei wat nich läsen orer verstahn könn'n, fragen S' mien Fru Ulla orer uns' Dochter Marga, dei beid Koeksch un Bedeinung taugliek sünd. Un nu noch 'n Henwies: Jeden letzten Sünnabend in'n Maand, nahmiddags Klock fief, ‚servieren' ierst Mitglieder von'n Plattdütschverein Zappensee för Sei ein Programm un dornah Ulla un Marga dei Spiesen. Uns' Programm is ümsüss, dat Äten möten Sei bitahlen. Gauden Apptit!"

Nah dei iersten twei Urlaubsdaag makten Elfi un Franz sick abends oewer ehr nehgsten, binah noch vier Urlaubswochen 'n Kopp. Dei Benz süll möglichst in'e Garasch blieben. Nütten wull'n sei dat Auto blot tau Fohrten nah Schwerin, wiel sei up dat Schlott nieglich wiern, nah Woren, wurhen sei dat „Müritzeum" un ein Damperfohrt lockte, un tau't „Fritz-Reuter-Literaturmuseum" in Stemhagen, dat sei tausamen mit dei Lüd von'n Plückhahn-Plattkring besäuken wull'n. Süss harrn sei, je nah Wäderlag, wieder nix vör as Boot führen, angeln, sick sünnen orer läsen. Dat heit, 'n bäten wat kem je noch tau: Mittwochs dei twei Stunn in't Café bi'n Plattkring. –

As dei iersten twei Wochen rüm wier'n, stellten Radkes fast, dat sei langen nich mihr so schöne, ruhige Urlaubsdaag beläwt harrn. Dat leg säker an dei grotorrig Landschaft mit Holt, Seen, Wischen un dei lütten, verdrömten Urtschaften, oewer woll ok an dei Minschen, dei hier läwten.

In dei Koek von ehr Ferienhus hantierten Elfi un Franz selten rüm, denn tau dei Mahltieden güngen sei mihrst in 't Café orer in'e Fischbaud. Dor seten sei ofteins noch an'n Disch, obschonst nix mihr up 'n Töller leg. Dei Grund dorför wier'n dei upprägenden Geschichten, dei Rauwalsch, Plückhahn orer Kuhlmann oewer Poggendiek orer Land un Lüd in Mäkelborg-Vörpommern vertell'n deden. Sei müssten twors af un an noch 'n bäten wat nahfragen, kregen süss oewer all tämlich gaut mit, wat grad spraken würd. Dorbi kem ehr taupass, dat beide Radkes ein Ader för Spraken harrn. Sei müssten sick dat Platt nich inremsen, dat flög ehr tau. Woll ok dorüm, wiel sei as Rentner nu denn' Kopp för wat Niegs frie un sei disse Sprak in ehr Hart schlaten harrn. Dei Freud an't Plattschnacken wier ehr antaumarken! –

Jüst seten Radkes weddereins in't Café un schnackten mit Rauwalsch. Dei harr Tiet, wiel dei

Frühstücksgäst all langen ut dei Dör wiern. Dat güng üm Schwerin. Radtkes harrn an'n Vördag dei Lanneshauptstadt besöcht. Bether kennten sei Schwerin blot von't Hürenseggen un künn'n tauierst nich recht glöwen, dat dit würklich dei ierst Adress von Mäkelborg-Vörpommern sin süll. Sei harrn in'e Binnenstadt Hochhüser un moderne Stahlbeton-Glaspaläste as in Berlin vermaud, man nix von funn'n. Bald wier ehr oewer klor worden, dat so'n Ort „Wulkenkratzer" nich tau Schlott, Museum, Theoter, Markt orer Stratentög mit schöne olle Fackwarkhüser passen würden un dat dei dat Stadtbild sogor verrungenier'n würden.

Dei mihrst Tiet harrn sei bi dei Besichtigung von't Schlott verbröcht un sick dornah sogor in't Schlott-Restaurant 'n bäten vernüchtert. Nah einen Besäuk in't Staatliche Museum un in'n Dom harrn sei sick dat ierst in't Café Rothe bi Koffie un Tort gaut gahn laten un nahst in't Schleswig-Holstein-Hus ein Läsung von'n „Plattdütschen Kring Schwerin" besöcht.

„Un, hebben Sei dorbi ok wat mitkrägen?", frög niegelig Fru Rauwall.

„Alls natürlich nich", säd Elfi, „oewer denn' Sinn hebben w' mihrst verstahn, wat dor nu Vertellers, Riemels un Läuschen von Reuter, Tarnow orer von hütig Schriewerslüd as Pump orer Mahnke vördragen würden, un ick möt seggen, dat disse Nahmiddag dat Solt in'e Supp von unsen

Utflugsdag wier." Mudder Rauwall oewerleggte 'n Ogenblick un säd denn:

„Wat holl'n Sei dorvon, wenn Sei hier an'n Mittwoch 'n lütten Bericht up Platt tau denn' Schwerinbesäuk gäben würden? Plückhahn würd sick wiss freugen. Oewerleggen S' sick dat eins!" –

Elfi fünn denn' Vörschlag gaut, Franz murmelte sick wat in'n Bort, denn sien Sinn stünn mihr nah angeln, as nah „Husupgaben" maken. Wieldess Elfi sick up ehr Ferienhus-Terrass oewer denn' „Schwerinbericht" hermakte, rauderte Franz mit Angelgeschirr un Maddicks tau dei Stell'n up 'n See, dei Kuhlmann em bi dei Utstellung von ein Angelkort verraden harr. Dat „Angelfewer" set Franz ümmer noch in'e Knaken. As jungschen Kierl wier hei ofteins mit dei „Hungerpietsch" lostreckt. In dei Berufsjohren harr hei kum Tiet för dei Angelie hadd. Nu wier hei wedder in sien Element un wat hei ut denn See halte, künn sick seihn laten! Man hei müsst sienen „Fang" bi Kuhlmann „anlanden", wieldat Elfi in'n Urlaub nix mit Fischutnähmen orer -braden tau daun hebben wull. Männigmal set Elfi ok mit in'n Kahn, oewer nich wägen dei Angelie un blot, wenn Franz dei oewerwindig lütt Bucht achter dat Ruhr bi dei Seerosen anstüerte. Dor künn sei dei Rauh in vulle Tög geneiten, dei blot af un an dörch Antenschnattern orer dat Raupen von Zappen unnerbraken würd. –

Nu oewer müsst ierst dei Schwerin-Reisbericht schräwen warden. As Elfi denn' an'n Mittwoch vörläsen ded, harr sei tauierst 'n bäten Lampenfewer. Dat gew sick oewer fix, wiel Plückhahn ehr upmunternd taunickte un sei twüschendörch sogor Bifall kreg. Franz wier up sien Fru stolt, man ok bäten niedsch. Dorüm künnigte hei gliek an, dat hei, wenn dei Kring-Mitglieder nix gägen harrn, ok 'n Bericht up Platt holl'n wull un twors oewer ehren inplanten Utflug nah Woren.

Ein Woch späder sprök Franz oewer dei lütte Stadt, dei an'e Müritz, denn' gröttsten See Dütschlands, liggt un dei up Radkes 'n bannig groten Indruck makt harr. Besonners andan wiern sei von dei Promenad an'n See, denn' Marktplatz, dat Müritzeum, dei „Tschu-Tschu-Bahn"-Stadtrundfohrt un nich tauletzt von dei Damperreis mit dei „Witte Flott".

„Wenn 'n bedenkt", säd Plückhahn tau Radkes, „dat Sei för drei Wochen noch kein Wurd up Platt spräken künn'n, nu oewer all in unsen Kring düchtig miträden, denn kann 'k blot denn' Haut trecken!" Elfi stickte sick nah dit Law licht rod an, Franz güng dat as Oel dal un hei schmet as Dank schlankweg ein Lag Rodspon. Dei Kringmitglieder leten sick ok nich lumpen un dordörch kem ein lütt Fier taustann. So utlaten harr Plückhahn siene Plattschnacker lang nich mihr beläwt. Dat würd 'n langen Abend. Rauwalsch schlöt dat Café af, as 't all schummern ded. –

Ihrer sei sick dat verseihn harrn, brök för Radkes all dei letzt Urlaubswoch an.

Twei Veranstaltungen, up dei sei sick all bannig freugten, stünn'n oewer noch ut: Dei Plattdütsch-Nahmiddag mit Fischäten bi Kuhlmann un dei Fohrt nah Stemhagen.

Väl Urlaubers un nahtau dei ganze Plattkring wier an'n Sünnabend up 'n Weg tau'n Haben. Bevör dei Plattverein in't Fischrestaurant tau Wurt kem, harr Kuhlmann up 'n See, nich wiet von sien Gehöft weg, noch 'n besonnern Uptritt. Dorüm stünn'n up denn' Bootssteg all orrig 'n poor Lüd mit ehr Knipskastens rüm. Kuhlmann stellte denn' Motor von sienen Kahn af, grep in dei Bünn un schmet 'n poor Fisch in'n hogen Bagen in 't Wader. Dei Seeadler, dei in dei groten Böm an't Äuwer gägenoewer seten, harrn Kuhlmann all kamen seihn, wüssten, dat sei nu losfleigen müssten, üm sick tau rechten Tiet bedeinen tau könn'n. För dei Ogen von'e Taukieker spälte sick nu ein wunnerbor Schauspäl af, as dei groten Vagels mit ehr Brettflüchten ierst üm Kuhlmanns Kahn kreisten, denn dei Fisch mit ehr Krallen tau faten kregen, ut dat Wader tröken un wedder upbomten, üm ehren Fang tau verspiesen.

Oewer dat, wat sick dor grad up 'n See afspält harr, wunnerwarkten dei Berliner noch, as Kuhlmann mit sienen Kahn wedder trüggkem. Elfi klatschte sogor vör Freud in ehr Hänn. Dat süll hüt nich dat letztmal wäst sin. Ein halw Stunn späder stünn Kuhlmann mit 'n Treckfiedel vör dei Bost un mit weck Lüd von'n Zappensee-Verein up dat lütt Podest in sien Fischbaud. In ehr Mäkelborger Trachten sehgen hei un sien Plattschnacker bannig schmucksch ut. Un so statsch as sei utsehgen, wier ok ehr Programm: Volksleeder, Vertellers, Riemels un Läuschen wesselten sick af un twüschendörch spälten sei ok eins 'n Sketsch. Dor wier männigwat tau'n Högen, oewer ok wat tau'n Besinn'n mitbi. Dei Akteurs kregen väl Bifall, ok von Elfi un Franz, dei sick dull freugten, dat sei fast alls verstahn harrn. Kuhlmann harr dat mitkrägen un säd nah dei Vörstellung tau dei beiden:

„Sei Ehr Mitgahn nah möt ick je nix mihr ‚oewersetten' un kann nu mien Frugens bi't Updrägen helpen, oewer wi schnacken nah 't Äten noch 'n bäten!"

An denn' Abend hebben Rauwalsch, Kuhlmann, Plückhahn, Elfi un Franz noch langen tausamensetten. Mit jedein Glas Rotspon würden dei Tungen lockerer un dei Berliner markten kum noch, dat sei all äbentau mihr Platt- as Hochdütsch spraken harrn. –

Dei letzten Urlaubsdaag wull Franz noch up 'n See geneiten. Mit 'n vull Thermoskann Koffie un Wustsemmel in'n Rucksack rauderte hei tau dei Stell, wo hei an'n leiwsten angeln ded, dei Bucht achtert Ruhr. Indess frühstückte Elfi in't Café. As sei sick up 'n Trüggweg maken wull, frög Fru Rauwall, wat sei nich dit lütt Plakat „Zu verkaufen" an 'n Tun von't Blockhus hängen künn.

„Sei will'n Ruhrdomp verköpen? Worüm denn dat?" frög Elfi verbast.

„Kieken S'", säd Rauwallsch, „sietdem mien Jürgen nich mihr unner uns is, wasst mi dei Arbeid oewern Kopp. Obschonst ick von miene Bekannten Hülp krigg, schaff ick beid's, Café un Ferienhus, nich mihr. Dat Café will 'k beholl'n, wieldat hier näben dei Urlauber ok mien Frünndschaft inkihrt un ick so dat ganze Johr unner Lüd bün. Föllt mi twors schwor, oewer dat Ferienhus möt ick afgäben. Ick hew ok all för 'n Harwst nich mihr vermeid, Sei sünd dei letzten Gäst!" In Elfis Kopp löpen dei Gedanken dörch'nein. Bald harr sei dei sammelt un säd:

„Hebben Sei noch 'n Ogenblick Tiet för mi, seggen w' mal up ein Tass Koffie? Ick müch wat mit Sei bespräken!" As Elfi sick 'n halw Stunn späder von Fru Rauwall verafschieden ded, kemen dei beiden Frugens oewerein, dat Franz von dat, wat sei bespraken harrn, iersteins nix tau Uhren kamen süll.

An'n vörletzten Urlaubsdag makten Radkes sick up denn' Weg nah Stemhagen in 't Fritz-Reuter-Literaturmuseum. Plückhahn führte vörweg un dei annern Kringmitglieder in ehr Autos achteran. Dei Museumsdirekter Zabel un Plückhahn begrüßten sick, as olle Frünn dat daun. Sei kennten sick von dei Reuter-Gesellschaft her, wur beid in'n Vörstand seten. Nahdem dei Poggendieker

Plattkring „Hartlich willkamen!" heiten wier, füng ok gliek dei Führung dörch dei Utstellungsrüm an. Elfi un Franz harrn in Berlin orer bi ehr Utlandsreisen all männigein Museum besöcht, ok grote, weltbekannte. Liekers wiern sei bannig oewerrascht, wat in dit „lütt" Museum alls mit väl Leiw un Sachverstand oewer denn' Schriewersmann Fritz Reuter tausamendragen un tausamenstellt worden is, kum tau glöwen! Sei wiern dörch Plückhahn up dissen Museumsbesäuk oewer ok gaut instimmt worden un künn'n sick dorüm indringlich mit Läwen un Wark von denn' Dichter ut'nannersetten. Späder würd bi Koffie un Kauken noch langen diskutiert un dorbi rutsträken, wat an Reuters Wark so grotorrig is, dat dat bet hüt nix an Aktualität verluren hett. Ierst tau Abendbrodstiet kem dei Autokaravan wedder in Poggendiek an. –

As dei Berliner einen Dag vör ehr Trüggfohrt in't Café bi't Frühstück seten, gesellte sick Fru Rauwall an ehren Disch, üm sick tau verafschieden. Dit kem Franz taupass, denn hei harr wat up 'n Harten:

„Leiw Fru Rauwall, dei wunnerschöne Urlaub hier in Poggendiek un in't Ruhrdomp verlangt nah Wedderhalung. Wier doch schad, wenn wi up ‚Nimmerwiedersehn' verschwinn'n würden. Dorüm mücht ick hüt all unsen Urlaub in Sei Ehr Blockhus för 'n Spätharwst dit Johr un för 'n Sommer nehgst Johr fast maken!"

„Dat deit mi leed“, säd Rauwallsch, „Ruhrdomp is verköfft!“ Franz müsst ierst nah Würd säuken un frög denn:

„Seggen S’ dat noch mal, verköfft? Un wat hett dei Köper mit dat Hus vör?

Will hei dor intrecken orer vermeid hei dat ok wiederhen?“

„Je, Herr Radke, dortau kann ’k Sei kein Utkunft gäben, dor möten S’ denn’ niegen Besitter all sülben fragen!“

„Denn’ niegen Besitter? Un wo finn ick em?“

„Dei sitt näben Sei“, säd Rauwalsch vergnäugt, „un is ein Frugensminsch, dat Sei all langen sihr gaut kenn’n!“ Franz kek unglöwsch twüschen Fru Rauwall un Elfi hen un her, bet hei begrep, weckein meint wier. Hei halte grad deip Luft, üm lostaupultern, kem oewer nich tau, wieldat Elfi sien Mulwark mit ’n langen Kuss versparrte un denn fix dei Katt ut ’n Sack löt. Sei verklorte Franz, dat dei Kopverdrag all upsett wier, sei beid müssten em in’t Büro von Fru Rauwall blot noch unnerschriewen un denn künn’n sei in Poggendiek soväl Urlaub maken, as sei Lust tau harrn.

Dull hebben sei an dissen Abend nich mihr fiert, wiel ehr je dei Trüggfohrt in’n Nacken set. Oewer mit Fru Rauwall würd anstött, as dei Kopverdrag in Popier un Tüten wier! Franz künn sien Glück gornich recht faten. Dat Ferienhus Ruhrdomp hürte nu Elfi un em! As sei annern Dag up Berlin taurullten, makte Franz denn’ Vörschlag all 'n poor Wochen späder ganz nah Poggendiek ümtautrecken.

„Wi willn man nix oewer 't Knei bräken", säd Elfi. „dat sall gaut oewerleggt sin. Ick bün dorför, dat wi uns dat indeilen, wann wi mit uns' oll Fründschaft in Berlin wat unnernähmen un wann wi mit uns' nieg Fründschaft in Poggendiek wat beläwen will'n. Kiek, von uns' Husdör in Berlin bet tau't Blockhus in Poggendiek orer ümkihrt sünd man knapp drei Stunn!" Dat sei sick dei ganze Tiet up Platt unnerholl'n harrn, hebben s' beid gornich mihr wohrnahmen.

GEIHT OK ANNERS!

Mit denn' uroll'n „Ford-Escord"
Führen s' beid hüt tau'n Seniorensport.
As nu dei Motor bannig knattert,
Dat Auto oewer Koppstein rattert,
Seggt Friederich tau sien'n Fründ Manner:
„Ick glöw, dei Kor föllt uteinanner!"
„Wo denkst du hen? Dei hett sogor
Noch Garantie för söben Johr!"
„Noch Garantie? Wo sall dat gahn,
Wenn all dei Armaturen stahn?
Du rast hier lang, führst mit Karacho
Un dorbi geiht nich mal dien Tacho!"

„Denn' bruk ick nich, ick weit genau,
Wo fix ick ümmer führen dau!
Ick stell dat fast oewer 't Gehür:
Dei Utpuff klappert, wenn 'k viertig führ,
Bi föftig Saken klappern vörn,
Bi sösstig achtern beide Dörn.
Bi achtig un dat is dei Clou,
Klappern dei Tähnen von mien Fru!"

DEI NIEMODSCHE „PERSÖNLICHE" BERADUNG

Wägen dei Corona-Inschränkungen is in 't Theoter orer Kino gahn in'n Momang je nich möglich. Denn, dacht ick, kieken wi uns äben tau Hus bunte Biller an. Dusende Fotos hew ick up CD orer DVD spiekert. Ein Utwahl dorvon harr 'k mi all trecht leggt un wull mien Fru abends mit so'n Ort „Heimkino" oewerraschen.

Man dat würd nix, uns' CD-Player harr ogenschienlich sien'n Geist upgäben. In so'n Situation rop ick ümmer Paul, mienen Enkelsöhn, an. Hei weit von all denn' elektronischen Kram wat af. In dissen Fall wüsst hei ok, dat uns' Gerät all 'n poor Johr up 'n Puckel hett un sien Ratschlag wier:

„Opa, ein Reparatur lohnt sick nich. För dat Geld köp di leiwer 'n Niegen!"

„Gaud un schön“, säd ick, „oewer woans? Dei Ladens sünd doch wägen denn’ Lockdown all tau!“ Sien Antwurt: „Online!“ För dat Inköpen mit Hülp von’t Internet bün ick süss nich recht tau hebben. Man wat blew mi oewer? Vörmiddags hew ick denn’ niegen CD-Player ut dat Online-Angebot von ein Kophus rutsöcht un mit ’n „Click“ bestellt. Nahmiddags kreg ick all ’n E-Mail: Dat Gerät steiht för Sei prat. Annern Dag hew ick denn’ Player afhalt un güng gliek bi, em antauschluten. Dat gelüng oewer nich, wiel dat „Verbindungskabel vom Player zum Fernsehgerät nicht mitgeliefert wird“. Na, denk ick, dit warden wi woll rankriegen, du röppst in denn’ Laden an, wo du dat gaude Stück köfft hest un grep tau’t Telefon. „Herzlich willkommen im …! Wenn es sich um eine Reparatur handelt, drücken Sie bitte die Null, wenn es sich um eine Bestellung… die Eins, wenn…, die Zwei, … die Drei , … die Vier, … die Fünf.“ För mien Problem wier kein Tahl mit bi. Ick leggte verbast up. Oewer so kem ick nich wieder. Wat daun? Ick hew noch eins anklingelt un gliek up Null drückt. Ierst Musik: Phil Collins ‚In The Air Tonight‘ un denn: „Warten Sie bitte, der nächste freie Mitarbeiter ist gleich für Sie da.“ Süss hür ick Phil Collins giern. Oewer ümmer wedder: Tonight – Warten Sie bitte, Tonight – Warten Sie bitte, Tonight – Warten Sie bitte, gaude teigen Minuten lang, dor möt ’n all ein dick Pöll hebben. Denn frög ein Frugensstimm, wat tau reparieren wier. Ick let dei Katt ut 'n Sack un vertellte mien Geschicht. Sei tögerte 'n Ogenblick, frög von wecker Firma dat Gerät wier un säd denn, dat sei mi twors nich helpen künn, oewer ick süll man disse Nummer anropen. Dei Herstellerbetrieb wier an'e Stripp: „Willkommen bei ... ! Wenn es sich um ...". Ick hew up Nummer soeben, elektronische Geräte, drückt. Wedder: „Wir sind gleich für Sie ..." unsowieder. Denn Musik, sihr schön: ‚Boléro' von Maurice Ravel. Nah nägen Minuten: Wir sind gleich – Boléro, Wir sind gleich – Boléro, mellte sick ein Mannsminsch. Ick säd em, wo mi dei Schauh drückt. Dei Kierl verklorte mi, dat ick bi't Wählen woll Tahlen verdreiht harr un in'e Konstruktionsafdeilung land wier. Hei stellte mi fründlicherwies tau'n Vertrieb dörch. „Wenn es sich um ...". All bi dei drüdd't Rubrik, Zubehör, künn ick dei Tast drücken. Allerdings würd mi gliek utricht, dat ick, wägen „erhöhter Nachfrage" bäten Tiet mitbringen müsst. Unnersträken würd disse Henwies dörch: „Haben Sie etwas Geduld!" un mit ‚Gregorianische Gesänge' as 'n musikalisch Beruhigungspill. Nah ein Viertelstunn ... Geduld – Gregorianische Gesänge, kreg ick dei Utkunft, dat dei Firma för mien Problem nich taustännig wier un ick man online in dat Kophus nahsäuken süll, wur ick dat Gerät köfft harr. Dei entgüllig Erledigung von disse Sak hew ick denn oewer doch leiwer in dei Hänn von mienen Enkelsöhn leggt. –

Liekers, man lihrt je nich ut. Kieken S', wenn mien oll CD-Player noch funktjoniern würd, harr 'k jewoll dei niemodsche Ort von Verstännigung twüschen Köper un Verköper nich kenn'nlihrt. Ick wier „kommunikationstechnisch" trüggbläben un harr oldbacksch glöwt, dat up dei anner Siet von'e Stripp gliek einer fründlich seggen möt:

„Mien Nam is Möller, wat kann ick för Sei daun?"

EIN „ORDNUNGSHÄUDER" VERTELLT

Vör 'n Tiet hew ick spraktechnisch in uns' Husgemeinschaft mal orrig dörchgräpen. Dat kem so. Wenn wi bi'n Grillabend orer tau Wihnachten tausamensitten, ward väl schnackt. Dorbi kümmt männigmal ok wat ut 't Fomilienläwen tau Sprak. Ick harr eins kieken laten, dat mien Mudder mit Diernsnam Johannsen heiten hett, wieldat ein von mien Urgrotvadders ein Schwed wäst is. –

As ick nu körtens dei Ostsee-Zeitung ut 'n Kasten nähmen will, steiht middenmal Rudolf Prackmann ut'e Ierdgeschoss-Wahnung näben mi, grinst mi dreibastig an un seggt:

„Na, oll Südschwed, woans geiht di dat upstunns?" Mi wier binah dat Schlöttelbund ut dei

Pot foll'n. Süss nöm ick em Rudi, man nu säd ick mit Nahdruck:

„Rudolf, in wat för ein Johrhunnert läwst du? Alle Welt weit intwüschen, woans mit ethnische Minnerheiten ümtaugahn is un du trampelst mit Fäut up mi rüm? Dat ick kein'n wohren indigen'n Mäkelborger, sonnern 'n Mischblaut bün, möt je nu nich oewerall utposaunt warden un wenn, denn mit Bedacht!" Rudolf verschwünn ahn ein Wurt tau seggen achter sien Wahnungsdör. Man, 'n Ogenblick später stünn hei wedder näben mi, halte sien Hänn achtern Rüggen vör un säd broesig:

„Kiek, wat ick hier hew. Tau't Verdrägen spendier ick nu 'n Negerkuss!" Mi verschlög dat dei Sprak. Hett orrig wat duert, bet ick wedder tau mi kem un verbast röp:

„Rudolf, spräk dat N-Wurt nie wedder ut! Mit so'n Utdruck kannst in Düwels Koek kamen! Wenn sowat uns' gräun Vörsittersch tau Uhren kümmt, na, denn prost Mahltiet! Mark di", un dorbi hüll ick em mien'n anbäten Gnubbel unner sien Näs, „dei Dinger heiten nu Schumkuss". Oewer as dat so is: Ein Unglück kümmt selten allein. In dissen Fall wier dat Frieda Hoppke, dei Rudolf gägenoewer wahnte. Sei kem dei Stuften nah 'n Postkasten dal. Ehr Flurdör harr sei apen laten un mit Frieda schwäften nu grotorrig Ätenrükels up uns tau. Ihrer sei wat seggen künn, frögen wi as up ein Kommando:

„Wat giw 't hüt Schöns bi di tau Middag?" Frieda strakte mit dei Tung oewer ehr Lippen:

„Wat för Fienschmecker, Schnitzel mit Paprika un Zigeunersoß!" Mit 'n Knuff in'e Rippen künn ick Rudolf grad noch tau't Schwiegen bring'n. Denn knöpte ick mi Hoppkesch vör:

„Frieda", säd ick, „mit ein'n Satz peddst du gliek in twei Fettnäpp! Dor prädigen dei Genderlüd äbentau, dat dei Geschlechter in uns' Sprak gliektaustell'n sünd un du schlöggst di as Fru mit denn' kierlslastigen ‚Fienschmecker' dei eigen Bein unner 't Liew weg. ‚Wat för Fienschmeckerinnen un Fienschmecker' harr dat heiten müsst! Man, denn' Utrutscher kann 'k je noch verknusen, oewer wat hest du di blot bi dat Z-Wurt dacht? Achter weckern Maand läwst du? Hest noch nie nich wat von Sinti un Roma hürt?" Denn hew ick dei Sachlag kort noch eins oewerdacht un ahn Rücksicht up uns' Bekanntschaft fastleggt:

„Wat sick hier äben afspält hett is tau iernst, üm 't bisiet tau schuwen. Geiht nich anners, dien un Rudolfs Verholl'n möt in'e Husgemeinschaft driewens utwert warden!" Dei Giftschnuten tröken sick vergnatzt in ehr Wahnung trügg. –

Poor Daag späder hew ick denn dei Lüd ut unsen Block in'n Fohrradschuppen tausamenropen un Frieda un Rudolf, oewer ok noch 'n poor anner, dei Leviten läst. Nah ein Stunn Referat säd ick tau'n Schluss:

„Oewer Näbensaken as Inflation, Uprüstung orer Corona-Sük ward denn' ganzen Dag lang schladdert. Man, wat is mit so'n bedüdend Anliggen as Gendern? Orer mit ein Diskuschon tau dei weltwieden Proteste wägen N- un Z-Würder un worüm möten dei un noch anner minnachtig Beteiknungen furtsens ut'e Dudens sträken warden? Un woans geiht man mit Lüd, tau'n Bispill mit mi as 'n Mischblaut, üm? Disse unbequemen, oewer epochalen Fragen warden hüttaudag giern unnern Teppich kihrt. Höchste Tiet, dat ji dor eins orrig wat mihr oewer nahdenkt! Un noch wat: Ick ward ok wiederhen hellhürig sin, dor gew ick juch mien grot Indianerihrenwurt up!"

KEIN VERLAT!

Beid, Mona un ehr Fründin Rita,
„Erzieherinnen" in ein Kita,
Vertellten sick Intimes giern,
Meist, wenn s' eins wedder wannern wiern.
As sei oewer 't Land grad trecken,
Kamen s' up denn' Sex tau spräken.
Un Mona seggt: „Mi plagt dei Frust.
Mien Kierl hett dortau kum noch Lust!
Ick denk nu öfters all an 't Scheiden.
Du büst dorgägen tau beneiden.

Di brennt in Saken Sex nix an.
Ierst liggst in't Bedd mit dien'n Mann,
Un günnt dei sick mal 'n bäten Rauh,
Denn grippst du up 'n Husfründ tau!"
„Genauso harr 'k mi dat je dacht,
Hew denn' ‚Husfründ' mi anlacht
Un glöwt, nu wier 'k ut all mien Not.
Nix is, denn nu verlött sick blot",
Un Rita makt ein Paus bi't Wannern,
„Jüst ümmer einer up denn' annern!"

DU MÖST DI ANSCHNALL'N!

Nahdem dei Ogendoktersch bi Friedrich denn' „Gräunen Star" faststellt harr, wier dat mit sien Fohrtüglenkerie vörbi. Liekers blew dat Auto nich stahn. Sien Fru Elsbeth leggte all as jungsche Diern noch vör Friedrich dei „Führerschien-Prüfung" af un fäuhlte sick siether achter dat Lenkrad woll un säker. Dat Friedrich dörch sien Ogenlieden tau'n Bifohrer degradiert worden wier, makte em nix ut. Sien nieg Posten wier nu dei Navigation. Elsbeth künn dörch disse Upgawendeilung mihr up denn' Verkihr achten un Friedrich säd an, in wecker Richtung tau führen un wo un wann aftaubögen wier. –

Tauierst hett Friedrich betwielen noch versöcht, an Elsbeths Fohrwies rümtaumäkeln. Nahdem sei em oewer nah so'n „Nörgelie" 'n poor barsche Würd an 'n Kopp schmäten harr, wier Friedrich fix klor, dat em „Bäderweiterie" up 'n Bifohrersitz nich tausteiht! Af un an makt hei Elsbeth oewer doch noch up dei ein orer anner Vörschrift upmarksam. Wieldat sien Fru tau dei „Gurtmuffel" hürt, leggt hei ein besonner Ogenmark up dat Anschnall'n. Friedrich is vörbildlich. Wenn hei sick in 't Auto sett, is sien ierst Amtshandlung dat Anleggen von denn' Säkerheits-Liewreim. Ihrer dat Elsbeth denn' Zündschlöttel in 't Schlott stäkt un dei Motor anspringt, seggt Friedrich ümmer:

„Du möst di anschnall'n!" Süll Elsbeth dat ahn tau murren daun, kann Friedrich sick kommod trügglähnen. Wenn sei oewer antwurt: „Ja, gliek.", weit hei, dat nu Maless up em tau kamen kann. Denn dit ‚Ja, gliek' bedüd selten furts, sonnern mihrst Minuten, Stunn orer 'n halwig Dag! –

Elsbeth stürt Larm nich. Sei makt tau'n Bispill dat Radio bi't Kaken so lut an, dat sülwst dei Nahwers noch wat von hebben. Friedrich is, wat Geräusche angeiht, pimplich. Besonners mit dei hogen un schrill'n Tön steiht hei up Kriegsfaut. –

Dei beiden Oll'n will'n grad oewer Land führ'n. Ehr niemodsch, hochbeinig Auto is noch gor nich ganz von'n Parkplatz dal, as up dat Navi-Display tau läsen is: „Sicherheitsgurt Fahrerseite nicht angelegt". Gliektiedig makt sick dei akustische Anschnall-Henwies mit: Ping, ping, ping – ping, ping, ping „dolby-surround" in dat Auto breit.

Tauierst kamen dei Henwies je noch fienfäuhlig ut dei Lutspräker. Poor Minuten späder, an't Stratenend, warden disse Signale all 'n bäten luder, sünd oewer noch tau verknusen. As dreihunnert Meter wieder an'e Krüzung dei Ampel rod wiest, sünd dei „Pings" lutstarker un updringlicher. Nu hebben dei woll ok up Elsbeths Tummelfell Alarm schlagen, denn sei grippt tau'n Gurt. Intwüschen wessselt dei Ampel tau gräun. Dei Fohrer achter Elsbeth hupt. Sei lett denn' Gurt susen un giwt Gas. Anschnall'n is nu, bi denn' Verkihr in'e Stadt, nich mihr möglich. Ut dei Lutspräker droent dat schrill: Ping, ping, ping – ping, ping ping. Friedrich höllt sick grannig dei Uhren tau. Dat Blaut is em tau Kopp stägen. Nahdem hei bannig fünsch fragt hett, wat hei sick niegerdings för 't Autoführen woll „Phonbremsen" köpen möt, fangt Elsbeth bi vulle Fohrt, nu stadtbuten up dei Landstrat, mit denn' tweit'n Versäuk an. As sei sick denn' Reim üm 't Liew treckt, em oewer nich recht inklinkt kriggt, driwt dat SUV tauseihns mihr up dei Gägenfohrbahn af. Dei LKW, dei up Elsbeth un Friedrich tau stüert, makt sick mit sien lut Thyphon un babentau noch mit dei Lichthup bemarkbor. Friedrich stahn Schweitparlen up dei Stirn. As Elsbeth denn' Laster wohrnümmt, ritt sei dat Stüer scharp nah rechtsch un kort vör 'n Stratengraben nah linksch. Dei LWK-Fohrer wiest ehr 'n „Schiebenwischer". Mit Mäuh un Not kriggt sei dat Auto von'n Randstriepen wedder up dei

Teerschossee lenkt. Dornah schlängelt dei Wagen ierst noch ’n bäten, denn höllt hei Spur. Elsbeths Gurt is bi dit Manöver wedder in sien Hollung trüggschnellt.

Friedrichs hett nu keinen roden Kopp mihr, hei süht bleik ut! Ping, ping, ping – ping, ping, ping, dunnert dat gräsig ut dei Lutspräkerboxen! Gägen denn’ Larm an bölkt Friedrich:

„Elsbeth, führ rechtsch ran!“ Nahdem dei Wagen tau’n Stahn kümmt, makt hei dei Warnblinklüchten an. Elsbeth will sick grad dickdaun, wur plietsch sei äben dei Situation meistert hett, as Friedrich scharp röppt:

„Anschnall’n!“ Elsbeth kickt verbast nah Friedrich roewer un ehr is furts klor, dat sei nu mit ein falsch Gedau Oel in ’t Füer geiten würd un schnallt sick an, ahn ein Wurt tau seggen. Dei Lutspräker verschlucken dat letzt Ping. Dei Wäderbericht för Mäkelborg-Vörpommern is nu tau hür’n, Balsam för Friedrichs Uhren.

Elsbeth schalt dei Warnblinklüchten ut un leggt denn’ iersten Gang in. Dei Wagen kümmt wedder in Fohrt. Nu ierst kümmt Friedrich dortau, sick dei Schweitdruppen von’e Stirn tau wischen. Heilfroh, dat sei disse Binah-Havarie ahn Schaden oewerstahn hebben, lähnt hei sick trügg. Dorbi hett hei in sien’n Brägen furts spiekert, wart tau daun is, dat Elsbeth em taukünftig nich mihr mit so’n halsbräken Fohrwies in Rawasch bringen kann. Hei ward ein nieg Handbremsenkonzept dörchsetten. Dat heit, dei Brems ward ierst löst, wenn sei beid anschnallt sünd. Vörher könn'n s' nämlich nich mit ehren SUV von'n Parkplatz dalrull'n, wieldat Friedrich mit sien Pot denn' Bremsengriff unner Kontroll höllt. Naja, tauminnest so langen em dei Schreck noch in'e Knaken sitt.

ENDLICH MIHR PLATZ FÖR HUNN UN PIERD!

Süss hew ick je 'n anschlägschen Kopp, oewer ick bün nich up kamen, worüm in Warnemünn' dei „Strandoase" nich wedder upbugt warden dörft. Oewer as ick in'e Ostsee-Zeitung denn' Artikel „Neue Regeln für Rostocks Strände – Weniger Platz für FKK, dafür mehr Rechte für Hundebesitzer und Reiter", läst harr, füll mi dat as Schuppen von'e Ogen: Wur süss dei Strandoas stünn, sall nu ein Pierdstall hen un 'n Stück wieder, up dei Höcht von't Neptun-Hotel ein Parcour mit Salon för ‚Wuffi' un ‚Schnuffi', uns' vierbeinigen Frünn! Ick kann 't nich bewiesen, man ick bün mi wiss, dat bi disse wegwiesend Idee weddereins dei Gräunen Pät stahn hebben. –

Dei Grünn för so'n Infall möt 'n nich langen säuken. Mi is furts klor worden, dat dat üm Gesundheit, Klimawannel un Ümwelt geiht. Kieken S', för Johren künn 'n wi noch stunnlang an'n Strand liggen, ahn Schaden tau nähmen. Hütigendags möt ein sick buddelwies Sünn'ncreme mit 'n „Lichtschutzfaktor" von minnestens föftig up 'n Liew schmer'n, üm 'n poor Stunn an'n Strand tau oewerstahn. Man helpen deit 't nich recht, denn dei Hut pöllt nahst liekers af un ward späder plackig. Wenn 'n dat tausamentellt, verungenier'n wi Johr för Johr Stränn un Ostsee mit tunnenwies oelig un fettig Creme. Babentau sitt uns dei Klimawannel mit sien kum afbremst UV-Strahlung in'n Nacken. Wat dat för uns' Arwgaud bedüden deit un wecker „Spätfolgen" noch up dei Sünn'nanbäder luern, weit dei Düwel. – Nee, nee, denn will'n wi denn' Strand man leiwer uns' Dierten oewerlaten. Dei hebben so'n dick Fell, dat ehr Ozonlöcker mit bösorrig Utwirkungen nix anhebben könn'n un dorüm ok kein Sünn'ncreme bruken. Näbenbi: Wenn wi nich so ielig von'n Bom kladdert wiern, brukten wi nu nich oewer Strandupdeilungen räden! –

Süh, dor harr 'k bi all dit Philosophier'n binah doch dei FKK-Minschen vergäten. Dei sünd je 'n Fall för sick! Ut Klimawannelsicht dröppt dat disse Lüd besonners dull. Sei hebben kein'n Spierken Tüg up 'n Liew un lopen „splitter-fasernackt" rüm, as dunn Adam un Eva in'n Gorn Eden. Wenn ein anstännig, schenant Minsch an dei ehren Strandafschnitt vörbi geiht, mücht hei sick je an leiwsten dat Corona-Schnutendauk bet oewer dei Ogen trecken. Un denn nömen sei dit Daun un Driewen ok noch Kultur! Klor, FKK het dat ok all früher gäben. Man orrig upbläuht is dei ierst in'e DDR. Dor fragt sick dei dütsche Bunnesbörger doch gliek: Worüm grad in'n Sozialismus? Dei Antwurt heit: Mangelwirtschaft! Tau DDR-Tieden wier 't bispillswies in Warnemünn' kum möglich, för Frugenslüd 'n Bikini orer Mannslüd ein Badbüx tau köpen. Un wenn dei Textilindustrie eins bäten Stoff oewer harr, üm 'n poor Bikinis orer Badbüxen hertaustell'n, hett Schalck-Golodkowski dei gliek för Devisen nah 'n Westen verschüert. Wat blew dei armen Urlaubers anners oewer, so nackendig as sei wiern, sick an aflägen Stränn tau verkrupen? Ick denk, dat so'n Relikte ut dei DDR-Tiet nu afschaft warden süll'n. Villicht könn'n sick denn in't FKK-Rebeit Lüd mit ehr Katten dallaten, denn dei sünd je bether strandtechnisch reigenweg vergäten worden, orer?

TAU'N GLÜCK

„Dat wier doch schwor för Sei, ganz wiss,
As Sei Ehr Franz versapen is!
Drei Maand lang wohrt nu schon sien Dod.
Kümmt langsam wedder alls in 't Lot?",
Fröcht Paster Klatt sien Nahwersch Hahn.
„Dat Läwen möt je wiedergahn",
Seggt dei, „leiw, dat Sei dornah fragen
Un süss kann ick je ok nich klagen.
Franz is säker nu in'n Häwen.
Hei ward dor baben wiederläwen
Un in sien Bank hew ick hier unn'n
Ok bäten Trost up 't Sporbauk funn'n.
Denn hei hett mi, ick künn 't kum faten,
Väldusend Euros hinnerlaten!"
„Is 't möglich", röppt nu Paster Klatt,
„Wo hett denn Franz dat Geld her hadd?
Lihrt hett hei doch blot Schwien tau driewen,
Künn je kum läsen orer schriewen!"
„Dat stimmt", seggt Hahnsch, wat nahdenklich,
„Ok schwemm'n künn hei tau'n Glück je nich!"

DU MÖST POSITIV DENKEN!

„Dat hürt sick je alls gaut an", säd Elsbeth tau Friedrich, „oewer wenn 'n dat sülben dörchläwen möt, is dat wieder nix as Plackerie!" Friedrich läd dei Tieding bisiet:

„Wat hürt sick gaut an un is liekers Plackerie?"

„Dei dömlichen Rädensorten, dat Oltwarden schön is! Dat 'n nich mihr orrig hür'n un seihn kann, kum noch von'e Stell kümmt, jeden Dag wat anners weih deit un stunn'nlang bi'n Dokter sitt, dorvon is nienich dei Räd, tauminnest nich in'e Bunten Bläder!"

„Elsbeth, ick hew di dei Bunten Bläder je wägen dei Radels köfft. Wat in schräwen steiht, kannst vergäten. Wat segg ick ümmers? Kiek nah vörn un denk positiv!" Friedrich nähm grad dat Bladd wedder tau Hand, as Elsbeth grannig röp:

„Ick kann 't nich mihr hür'n: Denk positiv! Denk positiv! Denk positiv! Lat dei Tieding liggen! Woans ‚Hansa' spält hett, kannst späder läsen! Ick will nu von di prick weiten, woans un woso 'n öllerhaftig Minsch positiv denken sall un twors dütlich un mit Bispille. Dat heit, quassel mi kein Warbungsparolen vör!" Friedrich kek Elsbeth deipsinnig an, läd dat Bladd up 'n Disch, lähnte sick trügg un säd, nahdem hei sick oewer 'n kahlen Kopp strakt harr:

„Gaut, ick will 't versäuken. Man wenn 't üm Bispille geiht, kann 'k blot ut mien Sicht weck bistüern. Hür tau: Dat mi dat Lopen all schwor föllt, is säker leeg, oewer nich in jeden Fall. Ick denk dorbi an Heiner Wutzke, denn' oewerspönschen Baas von'e Wannergrupp. Ick hew dor süss je giern mitmakt. Man wenn Wutzke sick bi't Wannern tau mi randrängelte, mi egalweg dei Uhren mit dumm Tüg vullbrabbelte, so lut un updringlich, dat ick von'e Natur nix mihr mitkreg, würd ick all fünsch. Wenn hei denn babentau noch äbenweg mit sien Sammelbüss vör mien Ogen rümklödderte un tau gauderletzt oewer mien'n Spenden-Euro noch dei Näs krus trök, wiel 't kein Schien wier, hett hei mi denn' Wannerdag ümmer gründlich vermasselt. Un nu kamen mi, as Afräknung mit em, mien lahmen Padden taupass! Ick ward Wutzke up 'n Kopp tau seggen: Tau't Mitmaken in dien Grupp bün ick nich mihr beinig naug. Is twors schad, oewer leed deit 't mi nich, denn nu bruk ick mi dien ewig luthals Rümsabbeln, Klaukschieten un Oberlihrergequak nich mihr anhürn!"

„Un an wecker Stell kümmt in disse Geschicht ‚positiv denken' vör?", frög Elsbeth schnipsch. „Räd doch nich ümmer twüschen!", röp Friedrich argerlich. „Woans sall ick woll bi so'n knifflig Angelägenheiten mien Sinn'n tausamennähmen, wenn du mank räden deist? Man wieder: Bi Krach orer Larm kann 'k mi kort faten. Wenn 'k ok nich mihr ganz wacht up dei Uhren bün, wat ick hüren will, dat hür ick! Un wenn 'k wat nich hüren will, denn dau ick so, as wenn dat up mien Trummelfell nich ankamen is. Dat 's doch plietsch, orer?"

„Dissen Drönschnack würd ick ihrer tau ‚positiv hüren' tell'n", grifflachte Elsbeth. Ick bün all nieglich up dat, wat noch an schnaksch Tüg oewer dien Tung kümmt!"

„Du kannst ein'n oewer ok jedein Freud nähmen! Elsbeth, ick drön hier nich rüm, sonnern verklor di grad Saken, wur sülwst dei Wissenschaftlichen kum up kamen. Un du gnägelst an mi rüm! Kum tau verstahn. Man tau't nehgst Kapittel: Dat Seihn. Klor, dei lütten Baukstaben verschwemmen all eins vör mien Ogen, oewer dat möt mi je nich furts bedrippsen. Wenn du bispillswies bi „Gewinnspiele" dat Lüttdruckte nich mihr läsen kannst, büst du ümmer krüzfidel, wieldat du, ahn dat di dat einer vermiesen kann, däglich von'n Geldsägen drömst. Babentau hebben öllersschwack Ogen denn' Vördeil, dat weck Arbeiden in'e Wahnung wegfall'n, wiel du je bispillswies denn' Stoff nich mihr sühst un ..." Elsbeth harr wieldess ehr Branen tau Höcht un dei Stiern krus treckt. Sei unnerbrök Friedrichs Schnackerie:

„Hest du noch mihr von so'n wiesnäsig Flausen in'n Kopp?" Man Friedrich wier so in Fohrt, dat hei Elsbeths spött'schen Unnerton gor nich mitkreg:

„Klor, wat du äben tau hüren krägen hest, wier je sotauseggen blot dei Positivdenken-Vörspies. Nu ierst kümmt dei dächt Hauptgang mit ‚Ersatzdeile‘ as Bilag. Mit nieg Knei- un Hüftgelenke, Chips in'e Uhr'n, Tähnenimplantate orer Plastiklinsen in'e Ogen, warden all dei Öllersgebräken wegopperiert! Un wenn bi Kierls dei Mumm in'e Knaken nah lett, kriegen s' mit Hülp von dei Viagra-Wunnerpill wedder nieg Manneskraft, un ok …“ Elsbeth harr all langen ehr Ogen verdreiht, schlög nu kort mit dei flach Hand up 'n Disch un zausterte:

„Nu is 't naug mit ‚positiv denken‘ as Vörspies un Hauptgang. Ick hew bi dien Vertell'n bether blot Utleggen un Wunschdenken ruthürt, weisst woll sülben nich, wat achter dien positiv denken stäkt?! Egal. Oewer nu will ick di eins wat verklor'n un twors lut un dütlich, dormit dien Trummelfell in Schwingung'n kümmt un di weiten lett, wat ick mi Positivs utdacht hew: Dei poor Schräd bet tau't Bessenschapp up'e Däl warst mit dien lahmen Padden woll noch schaffen. In't Spint finnst du linksch Stoffdäuker. Nu brukst du blot noch üm'e Eck tau gahn un steihst denn all in dien Arbeidstimmer! Dor ward upstunns oewer nich mit 'n Computer rümspält, sonnern dei griese Schicht, in dei 'n je all Baustaben mit 'n Finger malen kann, mit Hülp von dien Manneskraft wegwischt un ut 't Finster stöft! Sett di dortau dien Brill mit denn' inschläpen Scharpkiekdeil up dei Näs, dormit du ok up jedein Flach von'e Bäukerregale, von'n Schriewdisch, von'e Finsterbank unsowieder denn' Stoff orrig tau faten kriggst! Wenn dat Mobilor blitzblank is, möst blot noch dei Löpers afsugen un in dien Baud is nah langen Tiet wedder eins klor Schipp!

Ick denk, dat du in ein Stunn alls trecht hest. Wenn du fardig büst, bräug ick uns 'n Koffie up. Bi dit schön Wäder könn'n w' em up 'n Balkon geneiten. Un wenn du denn noch Lust up Positivdenken-Koekenlatinsch hest, mientwägen. Kannst oewer ok in'e Tieding wiederläsen!"

EIN'N COMPUTER AN'T HANDGELENK?

Körtens füll mi an't Handgelenk von mienen Enkelsöhn ein statsch Klock up. Hei harr woll afsichtlich denn' linken Pulloverarm 'n bäten tau Höcht treckt, dormit mi sien nieg Errungenschaft in 't Og fallen müsst. Man, von'n lütten, groten orer Sekundenwieser wier nix tau seihn, dat Zifferbladd schwatt as dei Nacht. Ick würd niegelig un frög: „Wotau schleppst du ein Klock mit die rüm, von dei du nix afläsen kannst?" As sien Ogen uplüchteten, wüsst ick, dat hei up disse Frag all luert harr: „Opa, dat is dei nieg Erfinnung, ein ‚Smart Watch'. Dat Ding süht as ein Klock ut, funktjoniert ok as Klock, hett oewer liekers inwennig noch 'n lütten Computer!" Hei harr woll up spingeliert, dat ick em dat nich afnähmen würd un as ick em nu babentau noch unglöwsch ankek, kreg hei Wader up sien Möhl: Ierst dischte hei mi dei Theorie tau sien „Superklock“ up un denn kreg ick ein praktisch Unnerwiesung. Dorbi würden mien Ogen grot, denn dat ’n mit dit lütt Ding soväl Upgawen lösen künn, harr ’k mi partu nich drömen laten. Wenn ’t as Bispill üm Musikhürn, Wäderbericht, wat Bescheid seggen, Wecker, Klenner, eigen „Aktivitäten“ dagsoewer orer bi’n Sport, nachts bi’t Schlapen un süss noch wat güng, dei Klock harr tau all dat Henwies un Antwurten prat. Tau’n Schluss säd Paul: „Kiek eins Opa, Blautdruck, Puls un noch anner Daten oewer dei Gesundheit kann so’n Watch ok mäten un sei wiest dei Ergäwnisse sogor gliek ut. Wier dat nich ok wat för di?“ – Giwt je weck Lüd, ok väle öllere Börger, dei bispillswies mit Computers, Smartphons un all so’n Elektronik nix tau daun hebben will’n. Up mi dröppt dat Gägendeil tau. Mi treckt disse niemodernsche Technik as ’n Magnet an. Paul wier noch nich ganz ut dei Dör, as ick all mien Notebook upklappt harr un mi oewer so’n smarte Klocken kunnig makte. Dei „Black Friday“ kem mi bi’n Kop entgägen, denn dörch em künn ick mi sogor ein von dei süss düren Marken-Smart-Watches leisten. Annern Dag (prime!) leg sei all bi mi up ’n Disch! Nahdem dei Klockenakku uplad un mien Smartphon mit dei Smart Whatch verbunnen wier, oewerdrög ick von dei Anbeider-App alls, wat ’n jichtens in dei lütt Klockentrummel spikern künn. Dornah hew ick mi mit dit elektronisch „Wunnerwark“ vertrugt makt. Mihrfach spälte ick ierst eins all dei välen „Funktionen“ dörch. As ick mi säker wier, dat ick nix mihr falsch maken künn, schickte ick mien'n Enkelsöhn ein WhatsApp mit 'n Foto: „Hew dienen Rat annahmen! Up dei Aflichtung sühst du mien nieg Smart Watch, ein grotorrig Stück! Opa.“ Ein'n Momang später plinkte un vibrierte dat an mien Handgelenk. Ick stippte mit mienen Wiesfinger up dat schwatte Klockendisplay. Glieks sprüng mi in lüchtend Klür dat WhatsApp-Teiken mit Text in 't Og: „Hartlichen Glückwunsch Opa! Ick bün stolt up di, wieldat du di, mit fiefunachtig Johr up 'n Puckel, ümmer noch trugst, mit dei niegst Elektronik ümtaugahn! Paul.“

Ick wier indess so in Iewer kamen, harr mien Rügg nah dit Law orrig grad makt un dorbi gor nich mitkrägen, dat mien Fru in 't Timmer kamen wier, all 'n Tiet lang achter mi stünn un denn mit Schalk in'e Ogen faststellte: „Is doch säker wat Wohres an, wenn 't heit, dat olle Kierls wedder tau Kinner warden!“ Un mit 'n Blick up dei Smart-Klock: „Hest di woll grad wedder 'n nieg Spältüg köfft?“

WECKER NU?

„Sei, Rieke, will ick fix vergäten.“,
Seggt fünsch Fru Amtsrat tau ehr Mäten.
„Von Sei hew ick dei Schnut nu vull!
Kein anner drew ’t bether so dull!
Sei könn’n nu dei Plünnen packen,
Verschwinden S’ mit Ehr Söbensaken!“
Rieke röppt schnippsch: „Deit dat denn Not?
Sei gräm’n un argern sick je blot,
Dat ick väl hübscher bün as Sei!“
Dei Gnädig kriggt ein rod Lawei:
„Nu is ’t naug! Wat bild’n Sei sick in?“
„Ick? Mi kümmt sowat nich in’n Sinn!
Herr Amtsrat hett dat tau mi seggt!“
„Wat geiht hier vör? Hür ick denn recht?
Mien Kierl hett oewer uns so spraken?
Giwt dat villicht noch mihr so’n Saken?“
„Bäder as Sei stell ’k mi bi’n Sex ok an!“
„Is wohr? Un dat säd tau Sei ok mien Mann?“
„Dei nich!“, röppt Rieke dörch dei Dör,
„Dat Law, dat kreg ick von’n Schofför!“

DEI „SPAZIERGANG" MIT KÄPTEN PÖTT

TAU'N 150. DODESDAG VON JOHN BRINCKMAN

Obschonst ick in Rostock wahn, segg ick liekers: „Ick führ in'e Stadt", wenn 'k in denn' ollen Deil von uns' Hansestadt wat tau daun hew. Is alls belopen, säuk ick mi 'n Flach tau'n verpusten. Mihrst lat ick mi denn in dat kommodig Café näben dei grot Marienkark dal, wat mi ümmer wedder mit sülfstbackt Kauken un Rauh lockt.

Wenn 'n dor an't Finster sitt un dörch dei Ruten kickt, föllt ein'n up denn' lütten Platz twüschen Café un Kark dei Figur „Afrikanische Bergziege" in 't Og. Dat Wark ut Bronze is dei Henwies dorför, dat an disse Stell iergistern mit Zägen un Schwien hannelt würd. Üm denn' körtesten Weg tau'n „Zägenmarkt" tau nähmen, is dunnmals dat Veih dörch dei Kark dragen orer dräben worden. Männigmal löpen Zägen un Schwien sogor in dei Kark rüm!

Dit güng mi dörch 'n Kopp, as ick mi wedder eins in dat Café verhalen ded. Na, dacht ick bi mi, dat mag je in't Middelöller gang un gäw west sin, oewer säker nich mihr, as John Brinckman in Rostock sien Kinnerjohren verbröcht hett, süss harr hei doroewer woll wat in sienen grotorrigen Roman „Kasper-Ohm un ick" schräwen. Denn ok dei mastig Marienkark spält in dat Bauk ein Rull. Gliek up dei iersten Sieden makt uns Brinckman in dat Gotteshus mit sien Romanhelden bekannt.

Is schad üm, dat disse „Schipper-Roman" von denn' bedüdensten Schriewersmann Rostocks, John Brinckman, in sien Heimatstadt un in Mäkelborg-Vörpommern kum noch Beachtung find. Dat wull ick, as Kolumnist för dei „Ostsee-Zeitung", ännern un schrew ein'n Bidrag oewer denn' Dichter un sien'n Roman:

John Brinckman is an'n 3. Juli 1814 in Rostock up dei Welt kamen un makte an'n 20. September 1870 in Güstrow sien Ogen för ümmer tau. Hei hürt tau dei groten Dichter ut uns' Land un hett mit sien Novellen un Romane dei dütsche Literatur rieker makt. Sien bekanntestes Bauk „Kasper-Ohm un ick" spält in Rostock un is eng mit dei Seefohrt verknüppt. Dorbi kem denn' Dichter tau Pass, dat sien Öllernhus in'e Koßfelder Strat, dicht bi'n Rostocker Haben leg un hei in ein Kapteinsfomilie upwussen is. Dei mihrsten Lüd, so as Matrosen, Kapteins, Maklers un Hannelslüd, dei bi em tau Hus in- un utgüngen, harrn wat mit dei Seefohrt tau daun. Dei lütt John ward woll bi männigein Gelägenheit nipp tauhürt un sick so Würd ut dei Seemannssprak markt hebben. Dortau möt 'n ok weiten, dat Rostock, as Brinckman noch 'n Schloeks wier, blot 12000 Inwahner harr. In dei dunnmals oewersichtlich Rostocker Oltstadt sprök sick fix rüm, wat sick binnen orer buten von dei Stadtmuern taudragen ded. Hentau kem, dat ok dei ein orer anner ut sien Verwandtschaft Seefohrer wiern, mank dei 't ok sonnerborschnacksche Lüd gew. Ganz vörn an dei Grotunkel von Brinckman, Kaptein Töppe (as Käpten Pött in denn' Roman). Ein plietsch Kierl, bi denn' dei Bildung 'n bäten kort kamen, dei oewer dörch Fohrten mit sien Sägelschipp riek worden wier. Hei kem tau Anseihn un tau'n bannig Stück Sülfstvertrugen un bild'te sick in, dat hei as Schipper oewer alls bäder urdeilen künn as anner Lüd. Hei wull mit „gaude Maneern“ un denn' „feinen Taktus“ Indruck maken un söchte vörnähmen Ümgang, as Bispill mit dei Perfessers von'e Universität. Ok süss mücht hei sick giern bäten rutstrieken, vertellte längenwies Seemannsgorn un hüll dat ok för dei fiene Ort, wenn hei sien Muddersprak bäten mit Hollandsch vermischen ded. Up dei Grundlag von dit schnurrig un eigenorrig Gedau von Kaptein Töppe malt Brinckman sienen wunnerboren Kasper-Ohm.

Dei tweit Titelfigur in denn' Roman is Andrees, dei Bengel, dei ein gaud Hart in'n Liew, oewer ok denn' Büsworm in'n Hinnelsten hett un dei sick ümmer wedder nieg Undög utklamüstert. Oewer dei Streiche makt hei je nich allein, hei hett Hülp dorbi von sien Frünn un sien Cousin Greten. Mit Greten, dei Dochter von Kasper-Ohm, bringt Brinckman nu noch tau Seemannsgorn un Hansbunkenstreich dei Leiw in 't Spill, dei noch mihr Spannung in denn' Verteller bringt. Babentau is antaunähmen, dat John Brinckman väle Beläwnisse ut sien eigen Kinner- un Jugendjohren plietsch in sienen „Kasper-Ohm un ick“ mit intünt hett. –

Villicht, so dacht ick, rägt disse Artikel dortau an, dat dei ein orer anner Läser dat Bauk eins wedder tau Hand nümmt orer sogor köfft. Dormit in dei Platt-Kolumne ok alls sien Richtigkeit hett, harr ick mi tau't Nahschlagen denn' ‚Kasper-Ohm‘ ut dat Regal langt, oewer vergäten, dat Bauk trüggtaustell'n. Dei bi Hinstorff rutkamen Jubiläumsutgaw, mit dat schöne Bildnis von Käpten Pött up dei Ümschlagsiet, leg noch näben dat Notebook up mienen Schriewdisch. Abends nehm ick denn' Schipper-Roman tau Hand un kröp mit em tau Wiem. Obschonst ick Brinckmans wunnerbore Vertellers all langen Tiet kenn un dei nich tau't iersten Mal läs, hew ick dat Bauk wedder eins nich ut dei Hand leggt, sonnern woll bet Middernacht in schmökert …

… wier dat ein Fata Morgana? Nee, dei dor mastig mit dat „lange spansche Ruhr unner den sülwern Knop in sien Fust, den nigen, dreekantigen Hot up 'n Kopp un 'n Zopp achtern Kopp, so lang un dick as 'n rökerten Spickaal“ in'e Rostocker Lange Strat up mi tau kem, künn blot Kasper-Ohm, dei Kaptein von dei „Anna-Maria-Sophia“ sin, kein anner. Mi kem dat so vör, as wenn dat Ümschlagsbild von denn' Roman läwig worden wier. Wur hei mi tau seihn kreg, knep hei dat linke Og tau, plierte mi mit dat rechte scharp an un röp:

„Ahoy, Harr Mahnke, is Er dat oder is Er dat nich? Leg Er mal bi!“ Ick blew as anwöddelt stahn, kek em verwunnert an un stammerte:

„Ick kann ’t kum glöben, nee, sowat oewer ok, wur is dat möglich un woans kann dat sin? Käpten Pött! Is dat ein Freud, Sei tau drapen! Oewer wat kieken Sei so verdaddert?“

„Is dat een Wonder? Twischen de Petersborg un de Batavia dor weet ick so moy Bescheed as in mien eegen Büxentasch. Abersten woans skall ick weeten, in weckeen Fahrwader ick grad seil? Is dat hier Rostock oder is dat hier Rostock nich? Un so dröppt sick dat god, dat ick em drapen doh, weil ick den Verstand dorför heww den richtigen Draper to drapen, versteit Er?“

„Dat verstah ick woll un wenn ick nah Sei Ehr Meinen dei Richtig bün, will ick ok giern för Verklorung sorgen. Kieken S’, intwüschen sünd je gaut 150 Johr vergahn, sietdem Sei in’e Koßfeller Strat wahnten un mit dei ‚Anna-Maria-Sophia‘ von’n Rostocker Haben ut up See rutfohrt sünd. In’e Stadt un buten dei Stadt hett sick in dei Tiet bannig väl ännert. Wenn Sei inverstahn sünd, wies ick Sei dat un wi künn’n dorbi tausamen ’n bäten spazieren gahn!“

„Wenn Er wieder nicks to dohn hett un mi inviteert,“ säd Käpten Pött, „so nähm ick, versteiht sick, de Offeert girn an.“ Ierst stegen wi dei Stuften nah dei Lagerstrat dal, peikten oewer dei Strandstrat un güngen up denn' Oll'n Haben tau. Dor stellte sick dei Kaptein middenmal breitbeinig hen, stütt'e sick mit sien beiden Ballastschüffel up denn' sülwern Knop von sien spansches Ruhr, kek dei Warnow rup un schüddköppte, kek dei Warnow dal, schüddköppte wedder un röp:

„Dat di de Swed, Dän un de Polack! Wat is mi dit, Harr Mahnke? Heww ick een morganatische Ogenverstukung? Ick bün nu de Mann nich, der sick verblexen lett, denn wat ick mit mien eegen Ogen sehn do, dat seh ick ond wat ick nich sehn do, dat seh ick nich! Schpook! Dat Bollwark is dor, de Strom is dor, aberstens wo sünd de Schepen? Den heelen Strand lanke keeneen Schep to sehn!" Ein'n Ogenblick lang wier 'k oewer sien Faststellung verbast, besünn mi denn oewer un säd tau Pött:

„Herr Kaptein, hier maken all langen kein Schäp mihr fast. Dat hängt dormit tausamen, dat dei Stadthaben orer dei Olle Haben, as wi em nu nömen, utdeint hett. Kort vör Warnemünn' an'n Breitling is all tau DDR-Tieden ein nieg, grot un modern Haben bugt worden." Dei Käptein kek mi ierst unglöwsch an un denn wedder tau Ollen Haben roewer:

„Wenn ick eenen wat günn, denn günn ick em dat. Un wenn de Rostocker nu eenen niegen Haben hewwen, denn so günn ick ehr dat ok. Dat abersten der Port hier as een Braak utsüht un mitdes ahn Schepen existeern möt, is een Constellation, de ick nich verstah! Wur is dat möglich? Ick heww Verstand, aewersten dat kann ick nich begriepen, versteit Er, wat mi so verdullt, Harr Mahnke?“

„Klor, ick bün ok verargert, so as dei mihrsten Rostocker, dat dei Olle Haben vör sick hen gammelt! All langen löppt ein Diskussion, wur dei Olle Haben woll tau nütten wier. Af un an ward sogor in uns' ‚Ostsee-Zeitung' von Künstlers, Architekten orer Vereine mit Hülp von Teiknungen utwiest, woans dei Port, as Sei seggen, taukünftig utseihn künn. Ein ‚Maritim Stadthabenmiel' mit ein nieg Theoter, ein Brügg nah Gehlsdörp röwer un ein grot Museum süll bispillswies entstahn. Man mit dei Rostocker Börgerschaft ward dat nix, wenn dei ein ‚Hü' seggt, seggt dei anner ‚Hott'! Dorüm ward dat denn' trostlosen Anblick hier woll noch langen Tiet gäben!“

Indess kem dörch ein Fohrgastschipp, wat grad näben dat Schild „Hafenrundfahrten“ anleggen ded, doch noch 'n bäten Läwen in denn' Haben. Un jüst in denn' Momang wüsst ick, womit ick unsen „Spaziergang“ dei Kron upsetten künn un säd tau Pött:

„Wat holl'n Sei dorvon, wenn wi mit dat Schipp dor dröben, dei ‚Rostocker 7', nah Warnemünn' führ'n, uns denn' Niegen Haben ankieken un nahst wedder hierher trüggschippern? Ick lad Sei dortau in! Bi so'n Rundfohrten ward ümmer väl oewer dat vertellt, wat ’n unnerwägens alls tau seihn kriggt. Dat kümmt uns doch gelägen, orer? Will’n wi an Burd gahn? “

„Well, wenn Er dor partutemang up bestahn don deit. Ond wenn dat up so een Minschenfrachtschipp ok Utschank giwt ond dat Backvolk för uns dor ut een Buddel roden Burdauks denn’ Proppen treckt, skall mi dat recht sin!“

Ein Disch mit polstert Bänk rüm wier in’n Fohrgastrum noch frie un dat würd nu ’n recht komodig Utflug. Wi drünken twors kein’n Bordeaux, oewer dei spansche Tempranillo ded dat ok. Ick künn mi trügglähnen, denn dei Rundfohrten-Kaptein verklorte von sien Brügg ut oewer dei Burdlutspräker all dat, wat för sien Fohrgäst intressant sin künn. Käpten Pött wunnerwarkte egalweg. Dor, wur an’t Warnowäuwer dunnmals blot Ruhr, Wieden un Böm stünn’n, wier nu alls taubugt. Grad kem an dei Backburdsiet dat grote Rebeit von dei ehemalig „Neptunwerft“ in Sicht un dei Lüd an Burd kregen nu tau weiten, dat dor tau DDR-Tieden grote Frachter bugt worden sünd. Un wenn up dei Helling dei enzelnen Schippsplatten tausamenschweisst warden süll’n, oewer noch nich ganz passig wiern, denn kemen dei „Richter“ mit denn’ schworen „Maker“ tau’n Insatz. Dat Ballern wier in ganz Rostock tau hürn, an’n Dag un ok nachts! Liekers klüng dat as Musik in dei Rostocker ehr Uhren, denn sei wüssten, dor ward wedder ein nieg Schipp bugt, wat denn’ Wollstand von ehr Stadt wassen lett. Nu is in Rostock-Stadt all langen kein Warftlarm mihr tau hüren. Hüt deinen ’n poor von dei oewerbläben Neptun-Warkhallen noch as Kophüser, süss stahn dor nu bet an ’t Äuwer modernsche Wahnblocks.

Wenn dei Lutspräker eins ’n Momang still schwegen, börten wi dei Gläs an un prosteten uns’ tau. As wi Marienehe passierten, wur dunn in denn’ Fischeriehaben mit oewer Hunnert Fohrtüg dei DDR-Fangflott tau Hus wier, kek Pött mi nipp an un frög:

„Is Er sülben nich ok bi de Fischerie fahrt? Peil ick dat richtig oder peil ick dat nich richtig? Verklor Er mi dat mal!“

„Nix dau ick leiwer as dat, Kaptein, denn ick hew denn’ gröttsten Deil von dat Up un Dal in dei DDR-Hochseefischerei mitmakt, oewer dörtig Johr lang. Dei välen, langen Reisen hew ick nich tellt. Oewer dat makt einen stolt, wenn ’n seggen kann: Ick wier mit bi. Männigmal wiern dat suer Stunn an Burd, gew oewer ok schöne, unvergliekliche schöne, dei ick nie vergäten ward!“ Käpten Pött nickköppte. Hei kek mi dorbi twors an, oewer mi kem dat so vör, as wenn hei nich mi vör sien Ogen harr, sonnern wiet trügg kieken würd. Villicht sehg hei sick sülben an’t Stüer von sien „Anna-Maria-Sophia“, denn’ Frachtrum vull „Zorenappels“ mit Kurs up Petersborg. –

Uns’ Fohrt güng wieder stromaf. Bet wiet achter ’t Äuwer wier in dei Fiern ein Hüsermeer tau sein, Rostocks fief Niebugebiete in'n Nurdwesten. Dat dor intwüschen gaut achtunsösstigdusend Lüd wahnen, binah söss mal soväl as Rostock tau Pötts Tieden Inwahner harr, künn dei Kaptein kum faten. Denn lähnten wi uns trügg un güngen uns' Gedanken nah. –

Kort vör Warnemünn' hüll dat Käpten Pött miteins nich mihr up dei Ducht, hei stakte up dei Reeling tau un kek, denn' Kopp in'n Nacken, verbast in'e Höcht. Dor legen dei „Regal Princess", dreihunnertundörtig Meter lang, mihr as föftig Meter hoch un noch twei anner von so'n Krüzfohrtgiganten an'e Pier. Käpten Pötts Mul stünn breit apen, as bi'n Dösch, dei nah ein Maddick schnappen will. As dei „Rostocker 7" nah Stüerburd tau'n Oewerseehaben afdreihte, sett'e hei sick mi gägenoewer wedder hen, nähm 'n orrigen Schluck Rodwien tau Bost, rückte sienen dreikantigen Haut wedder trecht, wieste mit dat Ruhr nah dei Musikdamper un frög:

„Morblex, sünd dat dor Schepen, Harr Mahnke, oder sünd dat dor keen Schepen? Ond wenn dat dor Schepen sünd, wurto brukt der Minschheit so'n Kolossen? Mien ‚Anna-Maria-Sophia' is een statsch Schep, de groten Klipper sünd noch statscher, abersten im Vergliek to diese Monstrums blot Noetschell'n! Segg Er mal eens, Harr Mahnke, wat dat för Schepen sünd, weet Er dat oder weet Er dat nich?" – „Worüm süll ick dat nich weiten? Dortau giwt so väl nich tau vertell'n. Dat sünd niemodsche Krüzfohrtschäp, mit dei Lüd up See rümschippern, üm sick dei Welt tau bekieken. Alle Näs lang leggen sei in ein'n annern Haben an, dormit dei Reis wat intressanter ward. Dei ‚Regal Princess' dor dröben kann tau'n Bispill up ehr föfteigen Decks dreidusendsösshunnert Passagiere an Burd nähmen!"

Käpten Pött kek mi unglöwsch an, schüddköppte 'n poor Mal, stütt'e sick mit sien Ellbagens up dei Back, dreihte sien Hänn hen un her, as wenn hei wat griepen wull, dat oewer nich recht tau faten kreg un rabasterte:

„Donder ond Blixen, dit will revideert sin. Heww ick toväl von den Roden drunken? Bün ick besapen oder bün ick dat nich? Dreidusendsösshunnert Minschen an Burd? Dat is, wenn ick an mien Tiet trüggdenkt, jo in'n ganzen de Inwahnerschaft von Doberan, Büdners un Landkrog miträkend! Un der ganze Bagasch all tosamen up een Schep? Will er mi begrismulen oder brüden? Spräk Er sick ut, Harr Mahnke!"

„Nee, Kapten Pött, wur denken Sei hen. Worüm süll ick Sei up 'n Arm nähmen? Wat ick seggt hew, is nich upschnäden orer gor Seemannsgorn, dat is dei reine Wohrheit!" Pött kek ierst vör sick dal, led denn sien'n Dollenfinger an dei Näs, besünn sick 'n Ogenblick un säd:

„Nicks för ungot, Harr Mahnke, abersten denn hett de Reeder jo blot Konnossamenten för Minschen un de Schipper keeneen Stück Fracht an

Burd!? Ick harr de hütigen Maklers för klöker holl'n. Ond wenn soväl Lüd up een Schep sünd, so denn lopen de sick jo üm oder pedden sick gägensietig dod! Is dat maeglich un wurto skall dat got sin?" Nah ein paßlich Antwurt brukte ick nich langen tau säuken:

„Kieken S', Kaptein, up so'n Krüzfohrtschipp geiht dat blot üm 't Vergnäugen, Flanier'n, Äten un Drinken un dorbi kümmt sick dat Volk kum in'e Quer. Dat verlöppt sich an Burd ihrer, wieldat up disse groten Kahns oewerall männigwat anbaden ward. Dor giwt dat tau'n Bispill väle Restaurants un Bars, mihrst ok ein Theoter un 'n Danzsaal, Pools tau'n Baden un sogor lütt Straten mit Kopmannsladens. Dat kann 'n binah mit denn' Rostocker Pingstmarkt vergliieken, blot dat dei för dei Passagiere up so'n Schipp twei orer drei Wochen orer mihrere Maand anduern deit, je nah dem, wurväl dei Lüd för so'n Fohrt berappt hebben. Näbenbi: Weckein kein dick Breiftasch hett, kann sick so'n Reis gornich leisten!"

„Harr Mahnke, Er weet, dat ick Verstand heww," säd Käpten Pött, „ond wenn ander Lüd sick up so'n Pingstmarktseereisen inlaten, un dorför heel vel Geld up den Disch leggen, denn geschüht dat man, dat se nich den Verstand dorto hewwen dohn, de dorto hüren deit, de Finger von so'n Himphamp to laten. Mihr Disput is dorto nich nödig!" –

Indess schipperten wi dörch denn' Oewerseehaben. Käpten Pött wunnerte sick bannig oewer, wat för verschieden Schäp as Frachter, Tanker orer Fähren dor legen, be- un entlad würden un wat dat in'n Seekanal bet tau dei Molenköpp för ein Gedriew bi't In- orer Utlopen gew.

Nahdem uns' Schipp ein kort Runn in dei Ostsee dreiht harr un wedder up Land taulöp, künn ick von Burd ut Pött dei Warnemünner Wohrteiken, Teepott, Lüchttorm un dat Hotel „Neptun“ wiesen.

„Ne, dat is doch aewer Dreibassen ond Muskedunners!“, larmte hei, „dat skal Warnemünd' sin? Ut dat oltbacksch Dörp is jo een puik Stadt worden! Un an de Stell van de oll Füerbaak steht wohrhaftig een statsch Torm! Donderlüchting noch mal to, wenn ick dat nich mit mien eegen Ogen absarveert harr, würd ick dat nich för möglich holl'n! Dat möt ierst twischen mien Uhren rinner staut warden!“

Ogenblick späder makte dei „Rostocker 7“ an'e Middelmol fast. Weckein dat wull, künn nu an Land gahn un späder nah Rostock trüggführ'n. Man dei Wuling, mit dei ein sommerdags an' Ollen Strom ümmer räken möt, wull ick Käpten Pött un mi nich andaun un säd dorüm:

„Ick schlag vör, dat wi up einen Landgang in Warnemünn' verzichten. Dei Urt is dörch Urlauber un Lüd von dei Krüzfohrtschäp vullkamen oewerlopen. Dortau kümmt, dat wi intwüschen ok nich mihr so beinig as früher sünd un babentau künn 't passier'n, dat Sei bi dei Drängelie dor noch Ehr'n dreikantigen Haut orer gor dat spansche Ruhr verlier'n!"

„Gott bewohr mi dorför ond stah mi bi!", röp Käpten Pött, „Dat uns nich noch Accidenzen dwars kamen! Ward ok Tid, dat wi wedder nah Rostock ranne luven, wur ick nahst noch in de Marienkirch Anker schmieten möt."

Ein poor Minuten späder nähm dei „Rostocker 7" wedder Fohrt up, nu gägen denn' Strom. Dei Oewerseehaben kem wedder in Sicht un bald legen ok all dei Oldendörper Dannen achter uns.

Dei välen Niegligkeiten harrn Käpten Pött woll 'n bäten mäud makt, ok dei Rode harr sien Deil tau bidragen, so dat dei Kaptein innickte un binah dei ganze Trüggfohrt verschlöp. Ierst, as Gehlsdörp queraf leg, würd Käpten Pött wedder munter. Un kum dat hei dei Ogen up harr mulwarkte hei ok all:

„Heww ick recht, Harr Mahnke, dat dat dor gegenaewer de ‚Fähr' is, wur ick mit mien Fru, Greten un den Dwallhamel ond murdverbrannten Rebeller Andrees nich blot eenmal Plusterschinken, Ossentung un Spickbost verteert heww un wur wi achteran Koffi un Botterkringel geneiten don deeden? Is dat dei ‚Fähr' oder is dat de ‚Fähr' nich?"

„Na", antwurt ick, „Sei hebben oewer ümmer noch scharpe Ogen un ein gaud Gedächtnis! För wiss, dat Gasthus dor an't Gehldörper Äuwer heit ‚Zum Alten Fährhaus' un hürt tau dei öllsten Hüser von uns' Hansestadt. Dat Sei sick dor noch an erinnern könn'n, kum tau glöben!"

Wieldess wi noch an't Klönen wiern, wur man oewerall in Rostock un Ümgäbung gaut spiesen künn, würd dei „Rostocker 7" mit Trossen an'e Pier in'n Rostocker Stadthaben zurrt. Wi harrn grad wedder fasten Bodden unner uns' Fäut, as Käpten Pött sick bi mi för denn' Utflug up dei Warnow bedankte. Dorbi kreg hei mit sien Ballastschüffeln mien Hänn tau faten un drückte dei so fast, as wenn sei in'n Schruwstock seten un ick mien Tähnen tausamenbieten müsst, üm nich luthals uptauschriegen! Denn makte Käpten Pött mi klor, dat hei nu Kurs up dei Marienkark nähmen müsst, wiel hei dor wat mit denn' Paster tau bespräken harr un:

„Kann Er dat kort Wegstück vom Strand bet tom Zägenmarkt mitgahn oder kann Er dat nich? Aewer wenn Er dat kann, harr ick Em geern as Lots mit an Burd. Er kennt doch dat Fahrwater oder kennt Er dat nich?"

„Dat mak ick giern, Käpten Pött. In dei Hanse-Stadt bün je tauhus un bliew so langen an Burd, bet Sei säker in Sankt Marien inlopen sünd un Anker schmäten hebben!" Denn stakten wi oewer dei Strandstrat un denn' Burgwall rup un kemen wedder in dei Lange Strat tau stahn, wur wi uns vör Stunn'n taufällig drapen harrn. Bedachtsam spazierten wi unner dei Böm Bei der Marienkirche lang un bögten achtern Zägenmarkt tau dat Portal von dei Marienkark af. Dor kek Pött mi kort an, knep mi fründlich in'e Back, knuffte mi licht mit dat spansche Ruhr in'e Siet un verschwünn ahn wieder ein Wurt tau seggen hinner dei grote Karkendör, dei mit einen Rums achter em in 't Schlott füll …

… denn hürte ick mien Fru seggen:

„Entschulligung, oewer ick müsst di wak maken, wiel du in'n Schlap egalweg vör di henbrabbelt hest un babentau harrst du dat Licht brennen laten. Ick hew di knäpen un mit 'n Ellbagen in'e Rippen stött, hülp alls nix. Ierst as ick dat Bauk, wat bi di oewer Brill un Näs leg, lut tauklappt hew, hest di rögt. Büst woll bi't Läsen innickt. Ick knipsch nu dat Licht ut un ‚Gaude Nacht' ok!"

Ogenblick späder kregen mi dei Schlaplüs wedder tau faten. Kort vörher dacht ick noch: Schad, dat dat alls blot 'n Drom wäst is, denn mit son Drapen twüschen Kasper-Ohm un mi, harr 'k mi orrig dickdaun künnt. Schad ok, dat mien Fru mi ut 'n Drom räten hett, nu ward ick nienich rutkriegen, wat Käpten Pött mit denn' Paster in'e Marienkark afpräken wull.

UNGEDÜRIG

„Wi hebben dei ganze Welt all seihn“,
Seggt Oma Hanne tau ehr'n Hein.
„Uns' Urlaub liggt bald wedder an,
Man wo sall 't hengahn, leiwer Mann?“
„Je, dat 's so'n Sak“, sinniert Hein Hagen,
„Villicht helpt dat, wenn wi uns fragen,
Wo hett 't denn woll uns beiden Oll'n,
An'n besten up diss' Ierd gefoll'n?
Dat kriegen w' fixing rut un denn,
Führ'n wi dor äben noch eins hen!“
Bäten verschamt seggt Hanne lies:
„Wenn 'k mi nich irr, wier dat Paris!“
„Dat denk ick ok“, röppt freudvull Hein.
„Denn stimm'n wi beid je oewerein
Un ick mak gliek in't Internet
Dei Frankreichreis för uns kumplett.“
Dat hett ok gornich langen wohrt,
Denn maken s' all ein Stadtrundfohrt
Dörch ‚ehr‘ Paris, so as dat Plicht.
Dor kümmt dei Eiffeltorm in Sicht.
Hein Hagen wunnert sick je nu
Un seggt verbast tau siene Fru:
„Dat glöw ick nich, vör teigen Johr,
Stünn dat ‚Gerüst‘ je ok all dor!“
Beögt denn' Torm je nu von unn'n:
„Hebben s' ümmer noch kein Öl hier funn'n?“

DAT SENIORENSMARTPHON

Mien Fru fragte mi körtens:

„Wist di nich ok so'n Smartphon köpen, wier dat nich wat för di?" Ick wier so verbast, dat ick blot tau antwurten wüßt:

„Nee, so'n Ding bruk ick nich, wi hebben doch 'n Telefonanschluss in't Hus."

„As du meinst", säd sei 'n bäten gnietschig. „Ick will 't je nich hebben. Mit disse niege Technik hew ick nix an'n Haut. Man du süst di dat gaut oewerleggen, denn dei Sünn stiggt nu all höger. Bald büst mihr in'n Bungalow as tau Hus un dei Angelie up dei Warnow geiht ok wedder los. Wenn di dor mal wat passiert, wat denn? Bet tau't nehgst Dörp is 't wiet, dei Jüngst büst ok nich mihr un mit dien Krüzweihdag ..."

„Hür up", füll ick ehr in 't Wurt, „in'n Momang geiht mi 't gaut un denn späl nich ümmer up mien Öller an, ick kann 't all nich mihr hür'n !" Sei begäuschte mi un säd:

„Hew di doch nich so, oewerschlap dei Sak ierst eins."

Annern Morgen, as ick in dei Bilagen von denn' „Ostsee-Anzeiger" blädderte, fölen mi ganz näbenbi dei Angebote för Smartphons in dei Ogen. Wier je kum tau glöwen, wurväl Orten dat dorvon gew un wat dat för 'n Dörcheinanner mit dei Kosten von Anbeider ut alle Welt wier! Wieldat mi dei niemodsche Technik männigmal as 'n Magnet antreckt, harr ick woll 'n bäten Blaud liggt un säd vör mi hen:

„Villicht köp ick mi so'n Ding, wat dei Chinesen bugt hebben. Dei Smartphons von dor sall'n ein gaut Qualität hebben un sünd babentau nich so düer!"

„Mit eins so fix?", kem dat ut dei Sesseleck. „Ein ut uns' Fründschaft hannelt doch mit disse Dinger. Rop em an, hei ward di woll helpen!"

Annern Dag nahmiddags kem mien Fründ, leggte ein funkelnagelnieges Xiaomi-Smartphon in Sülverdesign up 'n Disch un säd:

„Dit kann dien warden! So'n Ort Seniorensmartphon, einfach tau bedeinen un Spitzenqualität. Dat Billigst is 't nich, hett oerwer 'n Intelligenztouch. Sien Elektronik denkt mit!"

„Na, denn paßt dat je tau mi", säd ick ahn tau oewerleggen grotspurig. Up wat ick mi bi denn' Kop inlöt, kreg ick ierst mit, as hei anfüng mi dat Gerät uttaudüden:

„Hüt hett jede Rotznäs 'n Smartphon. Man", un denn lüchteten siene Ogen up, „nich so'n as du nu hest. Paß gaut up, ick ward di mit dei Raffinessen von dit Wunnerwark vertrugt maken."

In'n Handümdreigen harr hei mi bibröcht, wurans dei Mobile-Telefonie güng. Un wieldat dat niege Gerät all upschalt wier, künnen wi glieks praktisch smartphonieren, dat heit up dat Display düchtig rümtatschen.

„Dat makt je richtig Spaß“, säd ick un wier heil froh, all's so fix begräpen tau hebben un bedankte mi för dei Inwiesung. Mien Fründ kek mi 'n bäten mitledig an un säd:

„Hew ick nich von 'n Wunnerwark spraken? Dat Telefonieren is bi dit Smartphon eigentlich Näbensak. Sien elektronischen Raffinessen maken denn' Kick ut. Dei Hauptsak kümmt nu ierst, hür tau:

„Tauierst richten wi dien Spräkmailbox in, denn dei Anropümleitung, dornah dienen individuellen Klingelton un dat Ankloppen. Denn aktivieren wi dei föftig Menüfunktionen, äbensoväl Apps, dorbi ok dat SMS, wat ‚Short-Message-Service‘ bedüht. Dat heit, du kannst mit dit Ding ok 'n Breif afschicken. Un noch wat, wat ganz wichtig is, dien PIN-Code. Dat heit dien ‚Personal-Identification-Number‘, dormit kein anner mit dit Smartphon hantieren kann.“

Ick kem gor nich so fix achteran, as hei mit mi dörch dei enzelnen Funktionen jagte.

„Noch 'n poor Extras. Wi gäben dat Datum in un stell'n dei Klock. Nu kann hei di ok wecken, wenn du em dat seggst. Du kannst em oewer ok as Taschenräkner bruken orer as Gameboy mit em spälen. Biller makt hei ok, sogor bädere as männigein Kamera. Dei warden unner Fotos in ein Galerie spikert un wenn du wisst, kannst dei dor afropen, an ein SMS bammeln un so furts dat Niegst mit 'n Bildbewies in alle Welt schicken, tau'n Geburtsdag von dien Frünn bispillswies ok, orer süsswohen noch!“

Dormit drückte hei mi ein Bauk in'e Hand un säd:

„Hei kann oewer noch väl mihr. Dat steiht all's hier in. Möst dat Bauk woll 'n poor Mal läsen.“ Denn schüddelte hei mi dei Hand, nuschelte wat von anner Kunnen un weg wier hei.

Obschonst ick tau'n Schluß nich mihr orrig tauhür'n künn, wier mi doch upfoll'n, dat hei tau dat Smartphon ümmer wedder „hei“ un „em“ seggt harr. Je, worüm nich, wenn 'n dagdäglich mit siene elektronische Intelligenz Ümgang hett? Mien Smartphon kreg dorüm einen Namen un twors Fritz. Nu spräk ick öfters eins mit em, as mit 'n gauden Fründ. –

In dat Bauk hew ick all väl läst. Intwüschen kann ick ok dei Nahrichten von denn' Breifkasten, dei spräken kann, afhür'n un all so wat. Ok mit 'n poor von dei Apps kenn ick mi all ut. Fritz hett intwüschen mihr as tweihunnert Namen in'n Kopp un seggt mi, ob einer von dei anröppt, orer einer, denn' hei noch nich kennt. Hei giwt mi ok ümmer Bericht, wo ick grad bün un ofteins fröggt hei mi denn, wat mi dat in'e Geschäften, up Reisen orer in't Café ok gefoll'n hett! –

Oewer ick weit nich recht, wat „hei“ all mit mi taufräden is un mi dörchweg versteiht. Uns' Unnerhollung is ümmer noch 'n bäten stümperig. Ick hew em, obschonst ick mi anstrengen dau, liekers woll noch nich ganz begräpen un männigmal makt hei Saken mit mi, würklich, kum tau glöwen. Nee, nee, ick will dat leiwer nich utposaunen, süss kriegen S° noch Bang'n vör dei niemodsche Technik un dor müecht kein Schuld an hebben!

DEI HUSPANTÜFFELKOP

Oll Mudder Schultsch ut Reutershagen,
Künn nich mihr fastes Schauhwark dragen.
D'rüm köfft sei sick all Vitteljohr
Ein nieges Huspantüffelpoor.

Jüst wier dat wedder mal sowiet,
Un dat würd ok all höchste Tiet.
Dei Oll'n wiern bannig dull afdragen,
Dat Ledder bräklich un verbagen.
Mit Linie 12 von Stratenbahn,
Ward nu dei Reis tau Stadt ringahn.
Punkt Klockschlag nägen, akkerat,
Kümmt sei in 't „Centrum"*, Lange Strat.
Drei Treppen rup, gliek linksch herümmer,
Dor köfft sei ehr Pantüffel ümmer.
Denn' sülben Weg geiht sei ok hüt,
Un drängt sick dörch dei välen Lüd
Bet nah dei Schauhafdeilung hen.
Un ein'n Verköper fröggt sei denn:

„Hebben S' Huspantüffel prat in rod un dat
Blot vörn an'n Püschel un achtern an dei Naht?“
Hei antwurd: „Solche kamen rein,
Sie müssten noch am Lager sein.
Doch morgen früh, so gegen zehn,
Könn'n Sie das Paar sich mal beseh'n.“

Kort vör teigen, annern Morgen,
Is Schultsch dor, man sei hett Sorgen.
Un flustert denn' Verköper tau:
„Ick harr dei ganze Nacht kein Rauh.
Mi olle Fru ward rod nich stahn.
In gräune Tüffel mücht ick gahn.
Gräun, vörn an'n Püschel un achtern an dei Naht,
Dat makt sick bäder up dei Strat.“

„Ich glaub beinah,“ seggt Fritzing Röper,
Hei wier in't „Centrum“ Schauhverköper,
„Sie haben diesbezüglich Glück.
Im Lager sah ich heut paar Stück,
Gleich wie die roten, nur in grün.
Ich werde mich darum bemühn,
Und morgen früh zur gleichen Zeit
Steht solch ein Paar für Sie bereit.“

An'n annern Dag, so gägen teigen,
Kümmt Mudder Schultsch all antauweigen,
Kriggt denn' Verköper bi sien Uhren
Un seggt: „Ick möt dat doch beduren,
Denn rod un gräun is väl tau grell,

Dei Farwen sünd so gruglich hell.
Tau miene Schört, dei ut Kattun,
Passt wieder nix as düsterbrun.
Ja, Tüffel in düsterbrun un dat
Blot vörn an'n Püschel un achtern an dei Naht."

Sowat harr Fritz noch nich beläwt.
Hei farwt sick rod, as upbräud Kräwt.
Hei weit nich, wat hei seggen sall
Un langsam rögt sick siene Gall.
Doch denn schluckt hei sien'n Arger dal.
Un seggt tau Schultsch: „Sei könn' mi mal!
Un wur, dat segg ick Sei privat:
Nich vörn an'n Püschel, oewer achtern an'e Naht!"

* Tau DDR-Tiet: „Centrum", hüt: „GALERIA Kaufhof"

VON DICHTER UND DENKER TAU PFUSCHER?

Säker giwt dat in Dütschland ümmer noch naug grotorrig dörchdacht Dichtkunst un äbensoväl wegwiesend Erfinnungen. Oewer grad so'n Bispille as Verhunzen von uns' Sprak dörch Denglisch un Gendern orer dei ewige un düre Bugerie an'n Fleigerhaben in Berlin un an'n Koppbahnhoff in Stuttgart hebben tau bidragen, dat tauminnest dei Lack bi ‚Dei dütsche Literatur' un ‚Dei dütsche Wiertarbeid' orrig 'n poor Kratzer afkrägen hett. –

Wenn 't dorbi bispillswies üm Dütsche Wiertarbeid geiht, bruken wi gor nich oewer dei Lannesgrenzen tau schulen, sonnern könn'n getrost in Mäkelborg-Vörpommern blieben. Von denn' ierst 2005 fardigmakten A20-Afschnitt sackten bi Tribsees in'n Harwst 2017 Deile von'e Fohrbahn up beide Sieden in 't Mur. Dei „Krater von Tribsees" entstünn. Noch steiht nich fast, wann dor dei „Reparatur" afschlaten is. Obschonst intwüschen vier Johr in 't Land gahn sünd, giw 't bet hüt kein Gaudachten oewer, worüm un wodörch dei Fohrbahn kein Hollung mihr harr! Wat is dor noch tau verbargen, wenn alle Welt von spräkt, dat dunn Pfusch-Pielers verbugt worden sünd? Is je all leeg naug, dat dei Fohrtüglenker johrelang Ümwäg orer oewer ein bannig holprig Notbrügg führ'n müssten. Oewer, dat nu nich dei verantwurtlichen Buherrn för denn' Schaden upkamen möten, sonnern dei Stüertahler, schlöggt dat Fatt denn' Bodden ut! – Argerlich is 't ok, wenn Vörhebben in ein fastleggt Tietfinster ankünnigt warden, denn oewer väl, väl länger duern. Uns' Hansestadt Rostock äuwt Johr för Johr mit ehr Börger dit Utduersspill. Dorbi mücht ick blot an dei langtögsche Ümbugerie an'e Steindurkrüzung erinnern. Orer an'e Vullsperrung von dei Rosa-Luxemburg-Strat, dei ierst Maande späder, as vörseihn, uphaben würd. Denn giw 't je ok noch dat Bustellen-Mammutprojekt Satower Strat, wo von 2020 bet vörutsichtlich 2028 (!) rümwäuhlt warden sall, wat egalweg ein Vullsperrung von disse Strat nah sick treckt! Nu sünd dat je alls man Kinkerlitzken gägen dat, wat noch vör uns liggt. Von Buga, Stadthaben, Theoter, Museum orer Warnow-Brügg ganz tau schwiegen. Oewer wat kümmt up uns tau, wenn ut Stabilitätsgrünn dei Vörpommernbrügg un dei Goetheplatz-Iserbahnbrügg afräten warden? Kamen denn statt dreieinhalw Johr Butiet möglicherwies söben bi rut? Nee, nee, stänkern will 'k nich, man mi strüwen sick dei Hoor, wenn 'k in uns' „OZ" grad läs: „Personalnot im Amt bremst das Wachstum der Stadt" un dat unner dit Manko besonners dei „Verkehrsplanung" tau lieden hett. Ick harr je noch giern eins dei planten, niegen Wohrteiken von Rostock besöcht: Dat Theoter, dat Archäologisch Museum un denn' updidumten Stadthaben, wier ok giern oewer dei niegen Brüggen karjohlt. Man ünner disse Ümstänn ward dat in mien Öller woll nix mihr. Ein Möglichkeit, dat ick doch noch in denn' Genuss kam, giwt liekers: Uns' Stadtböwelsten künn'n je mit dei Chinesen telefoniern. Wenn Bulüd von dor tau'n Bispill dat Brüggenbugen in Rostock oewernähmen deden, würd 't orrig wat billiger un in'n halw Johr wiern dei Warnow-, Vörpommern- un Iserbahnbrügg kumplett fardig! Naja, 'n bäten Jucks möt sin, orer?

EUROPAREKORD MIT „MASSEN-MINSCHENHOLLUNG" UP RÜGEN?

Unvermaudens hett dei Ümwelt- un Naturschutz in Dütschland dörch denn' Einigungsaflop, dei dormit verbunn'n Uplösung von'e DDR-Volksarmee un denn' Aftog von'e Sowjet-Truppen grotorrige „Geschenke" krägen. –

Dorbi is bispillswies dat ierste gesamtdütsche Naturschutzrevier, dat „Gräune Band", entstahn. Dat sall dat 12500 km lange Rebeit von'e ehemalig innerdütsch Grenz schützen, wiel 't ein bannig wiertvull Taufluchtsurt för Dierten un Planten worden is. Ok „Truppenübungsplätze", dei nu nich mihr brukt warden, hürn tau so'n Geschenke. Wur noch vör Johren Panzer rullten, balzen hüt Birkhahns, wassen Orchideen, sünn'n sick Eidechsen un sogor denn' Wiedehopf kann 'n dor af un an raupen hürn! So'n „Schmuckstücke" hebben oewer ok Oltlasten, dei uns 'n Hupen Geld kosten. Liekers lohnt sick dat, disse „Artenvielfalt" dor tau erholl'n, wieldat dei so in anner Deile von uns' Republik kum noch vörkamen! – Kein Wunner, dat ok Bulöwen-Investoren up utdeint „Bundes-Grundstücke" scharp sünd, denn dormit kann 'n orrig Zaster maken. Ein Bispill, wur dat oewer anners löp, as dei Köper sick dat dacht harr, is dei Halwinsel Wustrow an't Solthaff, nurdlich von Poel. Siet 1933 hett dor dei Wehrmacht dei gröttste Flakartillerieschaul Dütschlands bedräben. Nah 'n Krieg würd s' von'e Sowjetarmee nütt. As dei aftreckt wier, verköffte 1998 dei Bund dat Landstück. Ein „Ferienparadies" süll dor nu entstahn. Oewer dei Lüttstadt Rerik spälte nich mit. Bet hüt, besonners, wiel sei nich noch mihr Autos in ehr engen Straten hebben will. Siet Johren steiht nu up dei Halwinsel dei Tiet still, wat ehr bannig gaut bekümmt, denn ein einzigorrig Fauna un Flora kann 'n dor nu bewunnern. Statt up Bugerie un Hunnerte von Urlaubers setten dei Reriker up Naturschutz un up mit Rangers „geführte" Wannerungen up einen Deil von dat halwig Eiland. Gewinn makt so vörnan dei Natur. Dit Bispill süll Schaul maken! –

Up Rügen, bi Dranske, giwt 't ein ähnlich Halwinsel: Dei Buk. Sien ein Hälft steiht unner Naturschutz, dei anner wier Haben von'e kaiserlich Flott, späder DDR-Volksmarine. Jüst, wur alle Welt lut-hals nah Ümwelt- un Naturschutz schriegt, makt ein Planungsbüro in'e „OZ" Warbung för ein Mammutprojekt! Wur dei Marine-Haben leg, sall dat „Baltic Island Eco Ressort", dat gröttste Urlauberdomizil in Europa (!), henplant warden: 300 niege Hüser, 2300 Bedden, Markthall, Pierdstall, Inkopsstrat, Schwemmhall, Haben mit 400 „Liegeplätze" unsowieder. Is tämlich driest, so'n Vörhebben ok noch „Öko" tau nömen! Wurväl Autos mihr sall'n denn noch oewer dei Rügenbrügg un dörch Dranske rull'n? Orer kamen denn Dusende Urlaubers mit 'n Fleiger? Bi so väl Larm un Gewäs künn 'n jewoll ok up denn' Südbug as Naturschutz-Rebeit verzichten un dor gliek noch ein Rullbahn henbetoniern! Wat seggen dei Gräunen dortau? Üm „Massendiertenhollung" maken sei je ümmer Larm. Un wat is mit „Massenminschenhollung"? – Villicht wier 't gaut, wenn dei Dransker mit dei Reriker 'n Erfohrungsuttusch maken würden, hannelt sick je ümmers üm ein Oltlast-Halwinsel mit 'n Naturschutzandeil. Schaden künn 't nich! –

WIEDERMAKEN!

In weck Aptheiken steiht bet hüt
Ein Körperwaag för Kundschaftslüd.
Dei wiest denn gägen Lüttgeld an,
Wat weigt upstunns grad Fru un Mann.
Un in dei Reuterstadt Stemhagen
Hett sick nu körtens dit taudragen:
In dei Aptheik kümmt ein schön Fru,
Geiht tau dei Waag un stäkt je nu
Geld in denn' Schlitz un stellt sick rup.
As sei dei Anzeig süht, schriegt s' up.
Mantel un Mütz kriegen dat Fleigen,
Sei ward sick ahn dei nocheins weigen,
Schüddelt denn' Kopp, makt eine Schnut,

Treckt Schauh, Rock un Pullover ut …
„Ick hew för Sei Lüttgeld prat leggt“,
Vull Vörfreud dei Aptheiker seggt.
„Maken S' wieder, laten S' sick nich stür'n,
Von nu an dräg ick dei Gebühr'n!“

SÜND DEI LÜD IN M-V NOCH NICH DICK NAUG?

In't Bladd stünn körtens: „Durch Rostock sollen bald noch mehr E-Roller fahren.“ Dat mag je för denn', dei dormit Geld verdeint, gaut sin. Is dat oewer ok gaut för uns' Stadt, för dei Börger un besonners dei Schaulkinner? Sei fragen sick, worüm ick in dissen Tausamenhang grad up dei Schäuler tau spräken kam? Dor kann 'k fix ein Antwurt up gäben.

Unsen Block gägenoewer steiht eine grote, schöne Schaul. Weck Lüd stürt je dei Larm, denn' Kinner dagsoewer un oft ok morgens tau Schaulanfang maken, mi nich. Kinner möten sick uttowen können un sall'n dorbi ok luthals ehr Freud ut'e Kähl schriegen, dat Mulholl'n ward ehr noch tiedig naug bibröcht. Nee, Kinnerlarm is ihrer Musik in mien Uhren, denn dei, dei dor noch frank un frie in'e Schaul rinlopen orer up 'n Schaulhoff in'e Pausen spälen, sünd je uns' Taukunft! Wat mi bedenklich stimmt, is dat Klappern von recht väle Autodörn langs dei Strat, wur dat Schaulhus steiht, tweimal an'n Dag. Weckein morgens giern länger schlöppt, künn sick doroewer möglicherwies upprägen, man dat sall nich mien Thema sin. Wenn 'n von Vaddern orer Muddern morgens mit 'n Auto bet vör dei Schauldör bröcht un nahmiddags dor ok wedder afhalt ward, is 't je orrig wat bequem, oewer dorbi geiht väl an Bewägung un Eigenstännigkeit verlur'n. Wi will'n man hoffen, dat bi disse lütten Ierdenbörger so'n Mankos up dei anner Siet dörch Wannern orer Sport wedder utgläken warden. Süss künn 't leeg warden, so, as dat männigweck Bewarber för 't Polizeiamt güng, dei bi'n sportlichen Test dörchfoll'n sünd. Kieken S', ick bün as Jung wochendags ümmer an vier Kilometer tau'n Unnerricht lopen, twei hen un twei wedder nah Hus. Dei frisch Luft up 'n Schaulweg is mi dorbi bannig gaut bekamen, tau jedein Johrestiet un mi is nienich dei Pust utgahn. –

Man trügg tau dei E-Roller. So'n stahn je nu oewerall in uns' Straten rüm. Ut mien Sicht verrungenier'n sei dat Stadtbild. Man bald sall'n dor je noch eins sösshunnert tau kamen! Obschonst dei Dinger tämlich fix sünd, is för E-Rollern kein Führerschien nödig. Ein Helmplicht besteiht ok nich. Jedein, dei vierteigen Johr olt is, kann mit so'n Apparat Rostock unsäker maken. Un an disse Stell liggt dei Haas in'n Päper! Weckerein kontrolliert dat? Sietdem disse Roller in'n Ümlop sünd, stahn sei ok in'e Straten üm uns' Schaul rüm un dat warden jeden Dag mihr. Dei Rentners ut uns' Rebeit sünd dormit wiss nich tau't Inköpen führt. Nee, nee, dei hebben ihrer Schäuler dor afstellt. Villicht is bi denn' einen orer annern dei Tiet knapp worden un hei hett sick so'n E-Roller gräpen, üm nich tau spät tau'n Unnerricht tau kamen. Maleins kann'n in so'n Fall je 'n Og taukniepen, oewer dat dörp kein Rägel warden. Dat dat Führen mit E-Roller nich gefohrlos is, steiht all langen fast. Oewer för mi sünd sei noch wat anners. Ick will eins utnahmswies 'n niemodschen Utdruck dorför wählen: Bewägungskiller! Ut disse twei Grünn hürn sei nich in Kinnerhand! In M-V lopen doch all naug Oewergewichtige rüm. Dat Dickwarden möt doch dörch E-Roller nich noch unnerstütt warden, ierst recht nich, wenn 't üm uns' Kinner geiht!?

WECKEIN'N KÖNN'N SO'N NAHRICHTEN KOLT LATEN?

Is je kein Wunner, wenn uns' Börger mit Tranen in'e Ogen un vör Hartweihdag wägen dei Nahrichten in'e Medien nich in'n Schalp kamen. As wenn wi mit Corona-Lockdowens un Ümweltprobleme nich all naug Maless hebben! Dat nu ok noch: Dei Hunn von Lady Gaga sünd weg! Kidnappt, an'n helligten Dag. Dat möt 'n sick eins vörstell'n: Lady Gagas französche Bulldoggen verschleppt! Mi hett dat dei Sprak verschlagen. Ierst harr 'k dei Chinesen in Verdacht, wiel dei sick je Hunnfleisch giern inliewen, wier oewer 'n verkihrt Annahm. – Wat 'n Sägen, dat dei arme Fru gliek Krasch wiest, 'n bäten Lüttgeld tausamenkratzt un ein halw Million US-Dollar as „Lösegeld" prat stellt hett. Dat 's doch mal 'n Bispill, woans dei Leiw tau uns' Dierten utseihn kann! Intwüschen is mi ein Stein von't Hart foll'n. Lady Gaga kann dei twei Doggen wedder knuddeln un an ehr Böst drücken, denn sei kreg ehr „lütten Schieter" trügg. Gott sei Dank! Man wieder: Noch ein Nahricht hett tau bidragen, dat ick bi all denn' Arger liekers wedder 'n Stück Seelenfräden funn'n hew: Dei dunnmalig spansche König Juan Carlos hett sien Stüerschullen bitahlt! Happig wier 't je nich, man mit dei Tiet is doch 'n bäten wat tausamen kamen. Ick harr mi all grote Sorgen üm em makt! Oewer nu sitt hei nich mihr mit 4,4 Millionen Euro in'e Klemm. Dormit hett hei mi ein bannig Last von'e Schullern nahmen. Is doch kein Taustand, wenn 'n echten König wägen 'n poor Euros in 't Exil gahn möt. Glöwen S' mi, ok 'n König hett Heimweh! Wur schön, dat hei nu Abu Dhabi denn' Rüggen kihr'n un wedder nah Spanien trüggkamen kann, denn tau Hus is tau Hus.

Oewerhaupt: Uns' Europäisch Adel! Dortau möt ick mal wat los warden: In dei Berichte oewer Errungenschaften von'e Dütsche Einheit ward ümmer ein Deil nich naug rutsträken: Dat wi DDR-Börger mit dei apen Grenzen ok dei „Bunten Bläder" in'e Hand kregen! Johrende hebben der DDR-Böwelsten uns oewer dat Läwen von dei Blagbläudigen in'n Düstern laten. Endlich künn'n wi Ostdütsche dit Manko uparbeiden! Dat bringt twors väl Freud mit sick, oewer ok schlaplos Nächt. Denken S' blot eins an dat Up un Dal in'n Buckingham Palace! Bispillswies dat „Drama üm Lady Di", orer dei „Leiw in'n Schatten von'e Kron" von Charles un Camilla un nu grad dei „Royaler Rausschmiss" von Harry un Meghan! Männigmal kümmt oewer woll ok 'n Unglück taustann, ahn dat dei königlich Fomilie ehr Hänn dorbi in't Spill hett. Kann je tau'n Bispill so wäst sin, dat ein von dei Livrierten vergäten harr, abends in'n Buckingham 'n Finster tautaumaken, un Prinz Philip, dei Gemahl von'e Queen, kreg Tog! Dor halt 'n Nägenunnägentigjohrig sick fix 'n Verküllung bi weg un land denn in't Krankenhus. Oewer Philip is 'n tagen Kiel, dei rappelt sick wedder up! Liekers lett einen so'n Nahricht je nich kolt.

Wi Dütschen hebben uns dat je mit dei eigen Königlichen Hoheiten vermasselt. Nu sitten wi mit an: Ierst dei Monarchie tau'n Düwel jagen un nahst luthals singen: „Wi will'n unsen oll'n Kaiser Willem wedder hebben!" Oewer dat dütsche Dichter- un Denkervolk is nich up 'n Kopp foll'n. Wi hebben fix uns' Stars tau Adlige makt! Ein'n ‚Kaiser' jubeln wi mit ‚Roland' all langen tau, ‚Prinzen' giwt ok un sogor (Schlager-) ‚Königinnen'. Wenn Sei ihrlich sünd, möten S' taugäben, dat Sei sick ok all eins heimlich 'n Tran ut'e Ogen wischt hebben orer 'n halwig Nacht nich orrig schlapen künn'n, wenn 't üm ‚Helene' un ‚Florian' güng orer dat dei Corona-Lockdown ‚Andrea' in 'n Ruin driwt, ‚Dieter' up'e Malediven Urlaub maken möt, wieldat hei in Dütschland nich unnerkümmt, un ‚Maite' in'n Zickenkrieg mit ehr Rivalin dräben ward! Oewer wecker dat Ein will, möt dat Anner mögen, dor möten wi nu dörch!

LIMERICKS

Dei Welt süll em ewiglich danken!
Nix för dei Ümwelt, alls för dei Banken!
Hei fäuhlt sick as Dona,
man denn kem „Corona"
un nu fangt sien Thron an tau wanken!

Oma

Dormit dat för alle Lüd klor is!
Dat China 'ne gäle Gefohr is,

bewies ick, seggt Oma,
an Hand von „Corona“,
wieldat je dit Virus von dor is!

Winzling!

Wat is dei Ierd ahn Minschenverstand?
Wi hebben denn’ Planeten fast in’e Hand!
Ein Winzling, dei „Corona“ heit,
erobert nu dat Welt-Rebeit
un spält uns ahn Krieg un Geld an’e Wand!

DAT NIEGE TIETMAT

Ein nieg Mat würd jüst erfunn’n!
Ein Dag mit siene välen Stunn’n,
Dei döcht blot wat, un dat is wiss,
Wenn negativ dien Test hüt is!

Ok Johrestieden kannst vergäten,
Nah Lockdowns ward nu alls blot mäten.
Dorvon noch drei, denn ist ’t sowiet
Un wi hebben wedder Wihnachtstiet!

Wer tellt hüt noch sien Läwensjohr?
Kümmt nix bi rut, denn dat ’s woll klor.
Afhängig sünd s’, för Grot un Lütt,
Von dei höllsch knapp Corona-Sprütt!

Bald ward uns dei EU vermell'n:
Vörbi ist 't mit dat Klock-Ümstell'n.
Denn' Klenner schuben wi bisiet,
Af nu giw 't blot „Corona-Tiet"!

Schneimann bugen in Coronatieden

Obschonst dei Corona-Probleme middewiel schwor up uns' Schullern liggen, denn' Frohsinn süllen, nee, möten wi uns liekers erholl'n. Süss künn 't passier'n, dat wi ramdösig warden. Mien Fründ, dei in männigweck gräsig Läwenslagen sien'n Humor nienich verlur'n hett, schickte mi körtens oewer 't Handy ein fidel, tau uns' Tiet passig „Schneimannbugerie-Geschicht". Dei hew ick von't Hochdütsche in uns' Plattdütsch oewerdragen.

Un dit is bi rut kamen:

„Ick kann nich anners. Wenn dei ierst Schnei föllt un naug von dei witte Pracht up denn' Rasen vör unsen Wohnblock liggt, kriggt mi dei ‚Schneimannbugeritis' tau faten. In'n Halwdüstern fang ick all an. Wenn 't hell ward, steiht hei mastig dor: Haut up 'n Kopp, mit Ogen, Mulwark, Wöddelnäs, Knöp an'n Liew un denn' Bessenstäl in'e Hand. Ick hew ümmer Freud an denn' witten Kierl, müsst oewer dit Johr väl Nörgelie tau mien Wark instäken.

Ick beög mien Daun grad noch eins, as sick dei ‚Emanze', Fru Morgentau-Watzke, ut 'n Nahwerblock up 'n Weg tau ehr Arbeid makt. Sei kickt fünsch tau mi roewer un beklagt sick, dat ick kein Schneifru bugt hew. Worüm argern? Dei Schneimannbugeritis driwt mi an. Ick knäd fix noch ein Schneifru trecht. Kum dat dei statsch näben denn' Kierl steiht, ward ick all wedder kritisiert. Dei Böwelst von'n Kinnergorn näbenan is bannig bös oewer, dat dei Schneifru so grote Böst hett un ick dei in'e Midd noch mit 'n Hasselnoet utstaffiert hew. Dat ward 'n Nahspill hebben, lett sei mi weiten. Dormit nich naug. Midden'mal steiht dei Schwule von gägenoewer an'n Stratenrand un beschimpt mi. Worüm ick nich mit dei Tiet gah, sien Meinen nah müssten dor twei Schneimänner stahn! Ogenblick späder hagelt dat all wedder up mi dal. Dei ‚Vegansche', dei unnen in unsen Block wahnt, bölk ut ehr apen Koekenfinster, dat dei Wöddelnäsen von Schneifru un Schneimann jewoll 'n blank Veraasen von Läwensmiddel sünd. Poor Minuten späder bliwt Fatima ut dat Eckhus för mien Wark stahn, schüddköppt un fröcht, worüm dei Schneifru kein Koppdauk drägt. Nahdem ick dortau noch as Rassist anmakt ward, wieldat mien Skulpturen witt sünd, krieg ick Schweitparlen up dei Stiern. Weckein dei Schandarmen raupen hett, weit ick nich. Ut denn' Funkwagen stiegen twei Beamte. Sei verklor'n mi, dat 'n dei Bessenstäls, dei mien Schneifru un Schneimann in ehr Hänn holl'n, gaut as ‚Kampfgeräte' nütten kann. Sei beschlagnahmen mien Handy un nähmen mi mit up dei Wach. Twei Stunn späder laten s' mi lopen, wieldat sei kein Verbinnung von mi tau Terroristen faststell'n künn'n. Kum dat ick wedder trügg in mien Wahnung bün, klingelt dat. Twei Lüd von't Ortnungsamt stahn vör mi. Ick möt 1000 € Bußgeld bitahlen, wieldat Schneifru un Schneimann kein FFP2-Masken dragen un ick bi't Bugen denn' Minnestafstand nich inholl'n hew.

Hüt Middag schlög dat Wäder üm. Dei Warmfront hett von mien Wark nich väl oewerlaten. För dit Johr hew ick mien Soll ‚erfüllt'. Ick schul nu all tauversichtlich nah 2023 roewer. Wenn nehgst Johr orrig Schnei föllt, möt ick jewoll ein ‚Schneimann-Ensemble' bugen." –

Sowiet dei Geschicht. Dat mien Fründ oewerhaupt ein'n Schneimann un ein Schneifru bugen künn, liggt dor an, dat hei in Thüringen wahnt. Ick weit gornich mihr, wann hier bi uns in 't flache Land so väl Schnei leg, dat dei för 't Schneimannbugen reikt harr. Worüm dei Winters bi uns niegerdings nich mihr so iesig kolt sünd, weiten wi: Dei von Minschenhand makt Ierdupwarmung hett Schuld! Kann je sin, dat wi wägen dei Corona-Maless dit Ümweltproblem vergäten hebben. Oewer Fohrtüglenker, dei mit Benzin- un Dieselkutschen unnerwägens sünd, kriegen dorüm an'e

Tankstell'n je ein'n Denkzettel verpasst. Weckein vörher dat Lüttdruckte nich läst hett, markt nu, dat dei Kahlendioxid- orer ok CO_2-Stüer nömt, dei Literpries in'e Höcht dräben hett! Dat is väl tau wenig, raupen luthals dei upplusterten Gräunen. Dei Stüer möt so hoch ansett warden, dat fief Euro för 'n Liter Sprit tau berappen sünd!

Männigmal denk ick, dat dei Boewelsten von disse Partei woll ierst taufräden sünd, wenn wi Minschen wedder 'n Fell dragen un up 'n Bom sitten!

WEIKEI?

Anita wier ne säute Diern
Un Klaas harr sei von Harten giern.
Bald künn s' sick all dat Jawurt gäben,
För ein verdrömt Tausamenläwen.
Man bald harr Klaas nix mihr tau lachen,
Anita würd tau'n Ehedrachen.
Üm all sien Daun makt sei Gewäs
Un danzt em ümmer up dei Näs.
Hei löppt sick wund för ehr dei Patten,
Wier von sick sülwst blot noch 'n Schatten.
Bald künn hei dat nich mihr erdragen,
Würd bi ehr'n Vadder sick beklagen.
„Wur sall 'k mit ehr tausamenläwen?

Kannst du mi nich 'n Ratschlag gäben?"
Die Oll seggt nu: „Denn hür mal tau:
Ein Middel helpt, dat weit ick genau.
Würden ehr Zicken mi tau Qual,
Trök ick ehr furts dei Büxen dal
Un wiest sei trügg in ehre Schranken,
Mit ein poor Schläg up ehren ‚Blanken'!"
„Dat hew 'k ok öfters all versöcht",
Stöhnt Klaas, „hett oewer nixnich bröcht.
Kum harr 'k dei Büx ehr runnertagen,
Wier all mien Arger glieks verflagen!"

GENDERN BEHINNERT GLIEKSTELLUNG UN DISKRIMINIERT DEILE VON UNS' BEVÖLKERUNG!

Körtens röp Vereinsvörsitter Perfesser Dieter Rasch bi mi an, wat ick em woll helpen künn, dat dat ‚Positionspopier', „Gendern behindert Gleichstellung und diskriminiert Teile der Bevölkerung", von'n Verein Deutsche Sprache (Region Nordost) ok up Plattdütsch unner dei Lüd bröcht warden kann. Is klor, dat ick tauseggt hew. För denn' Verein dau ick giern wat un bi dit Thema ierst recht! As dat Popier nahst up Platt vör mi leg, dacht ick: Dei Text is wiss ok wat för dien Läser un so is ’t kamen, dat hei ’n Platz in dit Bauk krägen hett:

„Kum ein’ in uns’ Land hett iernsthaft Twiefel an, dat Frugens- un Mannslüd in Gesellschaft, Pulletik un Wirtschaft dat Recht up glieke Chancen un glieken Lohn för glieke Arbeid besitten daun. Dei direkte Ümsettung tau ein vullkamen Gliekstellung makt grote Anstrengungen von Parteien, Parlament’n un Entscheidungsdräger nödig, ofteins oewer ok ein persönlich Ümdenken.

Mit so’n Ziel vör Ogen, helpt dat ut uns’ Sicht kum, wenn ’n dortau uns’ Börger vörschriewen will, dat dei Dütsche Sprak nu ümkrempelt warden möt. Dormit ward dei Bedüdung von ‚praktische Maßnahmen‘ in ’n Hinnergrund drängt. Väl Kraft, üm dat eigentlich Problem tau lösen, geiht dormit verluren. Babentau finn’n dei Vörschläg tau dei ‚sogenannte‘ Gendersprak kum Beachtung bi uns’ Börger. Dat wiesen ok männigweck iernsthaft Ümfragen ut. As uns dat dei Geschicht lihrt, süll dorüm dei Sprak ahn Influss ‚ideologischer Vorgaben im Kommunikationsprozess‘ bi dei Minschen in uns’ Land wassen. In dei Sprak setten sick liekers, nämlich up natürlich Wies, niege ‚Bedürfnisse und Erfordernisse‘ fast.

Wi will’n an disse Stell ok up henwiesen, dat dei Gendersprak Minschen, dei nich orrig läsen un schriewen orer nich gaut seihn könn’n, dütlich benahdeiligt. Dei Mäuh üm ein einfach un licht verständlich Sprak ward hier dörch Anwenn’n von schnurrig Teiken (:,*,- orer Binnen-I) in 't Gägendeil verdreiht. Ok ward dei akustisch Ümsettung bi't Räden dordörch tau ein Problem. Un för Migranten, Touristen un butenländsch Experten ward dei je sowieso all as verdüwelt schwor anfäuhlt dütsche Sprak so künstlich noch püteriger makt. Babentau kümmt 't ofteins vör, dat mallig Würd dörch dei Gendersprak burn warden un wenn weck Lüd uns liekers dei Gendersprak upproppen will'n, kann dordörch sogor dat eigentlich Anliggen, dei Gliekstellung, obsternatsch begögt warden.

Wenn dat Gerndern uns' Sprak einfach oewerstülpt ward, kriegen wi ein iernsthaftig-juristisch Problem. Dei iersten Klagen liggen all up 'n Disch. Wi süll'n dorüm berechtigt Kritik an't Gendern unnerstütten, grad wenn sei von uns' Börger kümmt un dei Sak nich dei Populisten oewerlaten.

Dat Visualisieren, Drucken orer Spiekern von upplustert Texte verbrukt unnödig wichtig Ressourcen un sett dormit Ümwelt un Klima tau.

Bedüdende Deile von uns' Bevölkerung, as Studierte, Verantwurtliche för Kultur un Künstler sülben, sünd intwüschen tau dei Oewertügung kamen, dat dat, wenn nu alle Näs lang dei Gendersprak in'e Öffentlichkeit Anwennung find, dei Geschlechtergerechtigkeit nich nütt, sonnern sick ihrer dorgägen wenn'n deit. Oewerdenken Sei uns' Argumente, unnerstütten S' uns' Anliggen un schlagen S' mit uns tausamen Vörpahl, dat dei binah all as Plicht utleggt Anwennung von'e Gendersprak von'n Disch kümmt!"

OEWER WAT CORONA-VIREN SCHNACKEN

Virus Fiete wier grad 'n bäten innickt. Ein Geräusch ret em ut 'n Schlap: Klatsch! Ein lütt Druppen harr dei Lipp von sienen Gastgäwer drapen. Fiete trugte sien Ogen kum. Ein kurvenriek Omikronvariant-Diern wier näben em land't.

Sei schüddelte as 'n Köter dat Wader ut ehr tachlig Kledasch un kek sick üm. Fiete kreg Hartpuckern. Vör em stünn ein wunnerschön jungsche Virusfru. As dei em wohrnähmen ded, trök s' ehr Näs krus: „Worüm löppst du hüt noch in so'n oldmodsch Corona-Klamotten rüm? Wenn dat twüschen uns funken sall, ströp dien Deltatüg fix af un treck di furts üm. Ick hew ut Vermengelierungsgrünn noch 'n Reserveoverall bi mi. Hier, ströp di denn' fix oewer!" Fiete kem sick in sien nieg Omikronhut as 'n Prinz vör. Liekers stamerte hei verlägen: „Leiw Mäten, segg mi dien'n Nam'n un woher du kümmst." – „Rop mi Maxi", säd sei. „Ick bün direkt mit 'n Fleiger ut Sevilla von't Europa League Spill nah Hamborg kamen un denn per Tog bet Rostock!" Fiete rew sick taufräden dei Hänn: „UEFA sei Dank! Ick dacht all, dat ick hier versuern müsst, denn as oll Corona-Variant harr 'k woll kein orrig Anstickungwell mihr fardig krägen." Maxi grifflachte: „Dat ward sick bald ännern, Fieting!". Denn säd sei mit so'n lurig Unnerton in ehr Stimm: „Ick bün all bannig spitz up di, man vörher mücht ick doch noch weiten, weckereinen ick an mien Wäsch lat!" Fiete kek lüstern tau Maxi roewer, lähnte sick trügg un füng an tau vertell'n: „Vör di steiht kein Anfänger, Maxi. Ick hew 'n grot Deil von unsen Coronafeldtog in Europa mitmakt. Mien Ahnen stamm'n ut Wuhan in China. Ick bün 2020 bi uns' grotorrig Masseninfektion in Bad Ischl, Österreich, tau Welt kamen un oewer Bayern dörch ganz Dütschland bet an'e Ostseeküst treckt. Natürlich wier 'k gor nich sowiet kamen, wenn dei Minschen nich so flusig wäst wiern un mihr gägen uns' Utbreidung dan harrn. Ok ehr Geldgier kem uns taupass. Kiek, in Bad Ischl wüssten dei Lüd, dat wi all langen in jedein Beisel Stammkundschaft wiern, hebben oewer nix unnernahmen, wiel sei sick dat Geschäft mit dei Skifohrer nich ut'e Kratz gahn laten wull'n. Dei Dütschen wiern wat plietscher. Sei kregen uns gliek mit 'n Lockdown bi dei Uhr'n un stellten dortau so'n Afstands-, Hygiene- un Olldagsmasken-Rägeln up. Man bi dei Schnutendäuker klemmte dei Sag, ierst recht as 't medizinsche sin süll'n. Un wenn wat knapp is, bläuht dat Geschäft. Dor wull'n je klammlies sogor weck Afgeordnete ut 'n Bunnesdag mit riek warden! –

Uns' Taktik wier dunn: Nich väl rögen, nich afsünnerlich bemarkbor maken. Dor sünd dei Dütschen up rinfoll'n, hebben glöwt, dat 't uns nich mihr giwt un schmeten in'n Sommer furts all ehr gauden Vörsätz oewer Burd. Wi hebben sei bi ehren Glowen laten un uns trüggholl'n. Man in'n späden Harwst schlögen wi mit dei drüdd Well wedder tau. Nu hoff ick, dat sei dit Johr denn' sülben Fähler noch eins maken!" Maxi harr Fiete mit grot Bewunnerung tauhürt un säd: „Wenn du in'e Leiw ok so gaut büst as bi't Schnacken, denn is mi üm uns' Taukunft nich bangen." Denn trök sei Fiete nah sick ran un flusterte: „Lat uns Millionen nieg Omikron-Varianten maken, dormit ein nieg, hog' Well in'n Harwst oewer Dütschland, un wenn 't möglich is, oewer ganz Europa trecken kann!"

UP DEI SÄKER SIET!

Man süht dei Schumkämm all von wieden.
Wur schön is doch dat Wellenrieden!
För Minschen up dat Surferbrett,
Wenn ein dortau 'n Faible hett.

Giwt oewer ok bösorrig Well'n.
Kiek, tau dei allerleegsten tell'n,
As dat Gesundheitsämter mell'n,
Dei gräsigen Corona-Well'n!

Up dei rieden Covid-Vir'n,
Dei jiepern nah ehr Opfer plier'n!
Man hett sick ein so'n Oes infungen,
Denn infizier'n sei siene Lungen!

Ierst covidkrank, kriggst Atennot
Bet an dei Schwell tau Vadder Dod!
Afwenn'n kann 'n so'n gräsig Plagen
Dörch dat Schnutendäuker dragen!

Noch bäder is 't, sick impfen laten.
Dat Virus kriggt di kum tau faten,
Hest Booster un twei G in'n Liew,
Denn könn'n s' di nix, Well vier un fief!

In'n Nacken nich mihr Covid-Qual,
Lettst säker di in Lähnstaul dal,

Kickst up denn' Lenz mit Freuden tau,
Un vör Corona hest dien Rauh!

„Zauberlihrlings" an'n Hindukusch?

As dei Sowjetarmee 1979 in Afghanistan inmarschiert wier, hett Washington ieligst dei Taliban mit Waffen utrüst un mit Geld versorgt, üm dat Entstahn von ein'n Staat mit sozialistische Orientierung in disse Region tau verhinnern. Ok Osama bin Laden un dei Amerikaner wiern dunnmals noch Frünn. Amerika grep bin Laden unner sien Arms, wiel hei dei Mudschaheddin in denn' Sowjetisch-Afghanischen Krieg mit Geld, Waffen un Utbillungslager unnerstütten ded. 1988 füng dei Sowjetunion an, ehr Armee ut Afghanistan aftautrecken, 1989 wier dei von Anfang an utsichtlose Krieg tauend. –

Nahdem dei sowjetischen Truppen Afghanistan verlaten harrn, sehgen dei Amerikaner ehr Mission dor as afschlaten an. Sei stellten ehr Hülp för dei „Gotteskrieger" in. Dei sünd doroewer bannig verargert un dreihn denn' Spieß üm. All 1988 gründ sick dei Al-Qaida-Grupp. Bald röppt Al-Qaida, unner Führung von Osama bin Laden, tau einen Dschihad (Kampf gegen Andersgläubige) up, ok gägen dei USA. Ehr Dschihad sall oewer nich mit apen Visier führt warden, sonnern dörch Terror. Mit Hülp von dat islamische „Al-Qaida-Terrornetzwerk" organisiert Osama bin Laden väle von so'n Anschläg, ok denn' von'n 11. September 2001 up dat World Trade Center in New York. 3000 Minschen kamen dorbi üm, 6000 warden verletzt!

Obschonst sien Berader as „Vergeltung" enzelne Aktionen vörschlagen, giwt dei dunnmalig amerikansch Präsiden W. Bush in'n Oktober 2001 denn' Befähl tau'n Krieg gägen dei siet 1996 in Afghanistan herrschenden Taliban un üm Al-Qaida tau vernichten. Ut dat früher johrelange Miteinanner ward nu ein johrelanges Gägeneinanner! Wieldat dei „Bündnisfall" grippt, ward Dütschland mit in denn' Krieg treckt. –

Ok wenn dei Amerikaner nah teigen Johr Krieg Osama bin Laden 2011 upstöbert un henricht un mit ehr Verbündeten grote Deile von Afghanistan erobert hebben, dei Taliban sünd sei nie los worden. Dei lieferten sick mit dei westlichen Truppen hier un dor twors Gefechte, täuwten süss oewer in ehr Verstecke in un üm Afghanistan gedürig af. Intwüschen kamen mi dei Amerikaner in dissen Krieg as Zauberlihrlings vör: Sei kriegen dat Taliban-Möhlwark, wat sei einst in Gang sett'en, nich wedder stoppt. Bet up denn' hütigen Dag hebben sei dei Gotteskrieger unnerschätzt. Dorüm is

’t ok kein Wunner, dat dei nu, 2021, nah twintig Johr Krieg so fix dat Land erobern künn’n un dormit dat Trüggtogchaos entstünn. Ein Chaos, wat dei Welt so noch nie tau seihn krägen hett, besonners up denn’ Fleigerhaben in Kabul. Un wat seggt dei amerikansche Präsident Joe Biden dortau? Hei makt klammlies so wieder, as sien Vörgänger Trump dat all utposaunt harr: „Amerika first!“, höllt sick stur an dat Aftogsdatum un schert sich ’n Düwel üm sien Verbündeten! Un wat hett dei NATO dorbi dan? Nix, „hirntot“, as dei französche Präsident Emmanuel Macron all vör ’n Tiet faststellt hett. –

Villicht waken dei europäschen Pulletiker nu up, nähmen dat Zepter sülben in ehr Hänn un plappern nich mihr wahllos nah, wat ehr von Oewersee vörseggt worden is, sonnern maken taukünftig ein eigenständig Binn’n- un Butenpulletik!

DUNNMALS WÜRD UNNER LINNBÖM SPÄLT, HÜT UP SMARTPHONS

Wolang mag dat all her sin, dat dei Linn plant würden, dei up denn' Schaulhoff stünnen, gägen denn' wi anwahnten. Unner dei Schaulhofflinn hew ick 'n gaut Stück Tiet von mien Kindheit verbröcht. Vörmiddags harren wi Gören up denn' Schaulhoff nix tau säuken. Dat läden dei Schäuler un dei Husmeister nich. Nahmiddags wier dat uns' Schaulhoff. Einen bäderen Spälplatz gew 't nich.

Wenn in't Frühjohr dei Linnbläder noch hellgräun wiern un dei Luft bet in dei Abendstunnen lau wier, burrten Hunnerte von Maikäwers mank dei Böm rümmer. Denn knäpen uns' Müdder 'n Og tau. Wi dörften länger up blieben un towten mit 'n Kescher achter dei Burrkäwers an. Je mihr in'n Schaukarton wiern, üm so bäder. Dei wiern Grundlag för denn' Hannel an'n annern Dag, wenn wi „Möller" gägen „Schosteinfäger" orer twei „Könige" gägen ein'n „Kaiser" tuschten.

Poor Wochen späder tröken mildsäut Rükels bet in uns' Stuwen. Denn bläuhten dei Linn. Dusende Immen würden dordörch anlockt. In dei Böm summte un brummte dat. Späder, wenn dei Linn utbläuht harden, legen in'n Rönnstein dei gälbrunen Bläuhdenreste. Dei sehgen jüst so ut as dei Krüllschnitt, denn' Opa Kräuger sick in sien Piep stoppte. Wenn sick in'n Sommer dei Linnbläder düstergräun farwten, würden sei backsig. Nu wiern dei Blattlüs an't Wark un ut dei Böm füll 'n ganz fienen kläwrigen Rägen, wovon dei Koppstein an'n Schaulhoffrand einen blanken Oewertog kregen.

Dei Linn, dei in twei Reigen vör dei Schaul stünnen, spälten för uns ein grot Rull. Von Bom tau Bom wiern 't akerat teigen Schräd. Mihrstendeils spälten wi twüschen dei iersten vier Böm. Bi Schlagball würd dat Spillfeld grötter makt. Söss orer acht Bömstämm güllen denn as Mal bi't Rümlopen un Anschlan. Dei Schaulhoff wier nich plastert, oewer von Hunnerte von Schäulerschauh fastpedd. Mit 'n Schör künnen wi in dei Ird Quadrate un Krüze för Sprung- un Hüppspill ritzen. Man dit wier mihr wat för dei Dierns. Wi Jungs spälten daaglang mit Knullen, denn wedder Fautball, oewer an'n leiwsten Tippeltappel. An heite Sommerdaag wier 't kommodig käuhl unner dei Böm. Wenn 't an tau rägen füng, künnen wi noch ein ganz Tiet unner ehr sitten, bet dei iersten Druppen dörch dat Bläderdack kemen.

In'n Harwst harkten wi dei välen Linnbläder tau grote Hümpel tausamen un towten in dat Lof rümmer, bet uns nüms von Schwienegel unnerscheiden künn. Dit wier ok dei Rökerbüssentiet. In ein oll Konservendos würden mit 'n Nagel väle Löcker in'n Bodden rinschlagen un an dei Dos 'n Drahtboegel fastmakt. Denn stoppten wi Lof in dei Dos un stickten dat an. Dormit pesten wi mank dei Linnböm rüm un jedein von uns trök ein langen Rokfahn achter sick her. Dat stünk bannig. Uns' Mudder harr mi dat Rökerbüssenlopen verbaden. Oewer wenn wat verbaden is, makt dat je ierst recht Spaß. Ick wier ümmer mit bi. Afstrieden wier tau Hus nich möglich, denn ick stünk so as dei Schaulhoff. Meist gew 't an so'n Abend 'n Fell vull.

Tau Wintertiet set ick oft eins stunn'nlang an't Wahnstuwenfinster un kek tau, wo dei Vögel sick üm Pausenbrotkrümels strieden deden. Dornah verdeilten sei sick wedder in dei Linn. Dei Kreigen flögen nah ganz baben. In dei Mitt seten dei Duwen un ganz unnen dei Sparlings.

Körtens hew ick weddereins mien Heimatstadt besöcht un güng ok an'n Schaulhoff vörbi. Up dei Rönnsteins set dor 'n lütten Butscher mit 'n Smartphon in'e Hand. Hei wier woll grad so olt as ick tau mien Schaulhoffstiet. Ick fragte em: „Sittst du öfters hier up dei Strat rüm?" Hei lachte kort up: „Nee, mien Öllern sünd in't Restaurant gägenoewer."

„Un wat makst du grad?" Hei let kein Og von't Display, wieste up sien Smartphon un säd: „Opa, ick späl!"

IERST WITT, NU ROD

Oh, wat krieg ick för ein Janken,
Seih ick dörch dei schlanken Ranken,
Pralle Druwen von denn' Wien,
In'n September-Sünnenschien.

Pundwies künn ick furts vertehren
Rode un ok gräune Beeren.
Denn oewer hürt ick: „Gauder Fründ,
Täuw leiwer, bet sei keltert sünd!"

Nah dissen Rat hew 'k mi besunn'n
Un bald 'n gauden Druppen funn'n.
Man em tau kriegen, dat wier schwor,
Tau DDR-Tiet: Mangelwor!

Blot, wenn ick em eins köpen künn,
Riept unner dei Moldawisch Sünn,
Denn' Murfatlar, mit Muskat-Schmack,
Kem hei blot Festdaags up die Back!

In't Öller würd mien Wiensinn fiener,
Lang leiw ick nu all ein'n Traminer:
Dei rode Vernatsch deiht mi gaut!
Vermengeliert, nahst mit mien Blaut,

Makt hei mi för dat Schriewen heit
Un helpt, wenn 'k eins nich wieder weit.

Kum flütt hei sacht dei Gurgel nedder,
Denn lopen mien Gedanken wedder!

QUO VADIS, HOMO?

Ut biologisch-systematisch Sicht hürn wi Minschen (latinsch: Homo) tau dei „Säugetiere“. Wi stell’n oewer väl mihr up dei Bein as dei annern Verträder ut disse Grotfomilie un sünd all langen in’e Lag Straten, Hüser orer Computers tau bugen. Dei Orang-Utans (malaiisch: „Waldmensch“), dei up Sumatra un Borneo läwen, besitten tau’n Bispill 97 Perzent von’e Gene, dei ok wi Minschen hebben. Liekers sünd so’n Minschenapen (lat.: Hominidae) nich plietsch naug, üm uns dat gliek tau daun. Wat uns’ wietlöpig Verwandtschaft in Malaisia doroewer trurig orer gor unglücklich is, steiht up ein anner Bladd, denn wi Minschen könn’n je babentau ok noch Panzer, Eurofighters un Atombomben bugen!

Dei grotspurigen Homos schmieten giern ehr „Intelligenz“ in’e Waag, wenn ’t üm denn’ Unnerscheid twüschen Minsch un Diert geiht. Oewer sei setten sick ok noch up ein anner Wies von dat Veihtüg af: In dei grot „Säugetier-Familie“ geiht bispillswies kein anner „Gattung“ so gräsig mit ehr Ortgenossen üm as dei „Dierten“ mit denn’ uprechten Gang. So is dei Minschwardungsweg up dei ein Siet mit grotorrig Erfinnungen as Flitzbagens, Rad orer Raketen plastert, oewer up dei anner Siet ok mit Fehden, Schlachten, Bombardierung, Vernichtung, Murd un Dodschlag.

Nu künn'n je annähmen, dat dei Minschen middewiel, grad nah denn' Tweiten Weltkrieg, kläuker worden sünd, sick üm Glück un Wollstand kümmern un dei Strietäxt längst begraben hebben. Nee, nee, egalweg towt, twüschen männigweck Staaten up unsen Ierdball Krieg. Tau'n Bispill gew US-Präsident Bush 2003 an sien Truppen denn' Befähl in 'n Irak intaumaschiern, 2019 schickte dei türkisch Präsident Erdogan sien Soldaten mit schwor Kriegsgerät oewer dei Grenz nah Syrien un jüst 2022 hett dei russisch Präsident Putin einen Krieg gägen dei Ukraine von'n Tun braken! Un dorbi geiht dat, as vör Johrdusende all, ümmer wedder üm Glowen, Land un Schätze. Andräben von Macht, Gier un ahn Rücksicht up Völkerrecht un Minschenläwen, befählen Herrscher, Diktatoren orer Präsidenten Johr för Johr nieg Feldtög, üm tau erobern un tau röwern. Ofteins daun sei dat unner denn' Vörwand, dat sei sick bedraugt fäuhlen. In Würklichkeit geiht 't oewer mihrst üm „Bodenschätze", dei up unsen Globus alltiet knapper warden. Von'n weltwieden Humanismus (lat.: humanus = menschlich), wat je trachten nah Fräden, Nehgstenleiw, Ethik un Tolleranz bedüt, sünd wi dorüm 'n bannig Stück af.

As wenn dei Verwüstungen von grote Deile up unsen Blagen Planeten dörch Kriege noch nich reiken, rieten wi Minschen uns siet Johren noch ein anner, grötter Maless up 'n Liew: Klimawannel dörch Ümweltverännerungen! Un wiel wi Homos för dei riskanten Verännerungen sülben verantwurtlich sünd, hebben wi ok dei Plicht denn' Schaden, sowiet dat noch möglich is, wedder gaut tau maken. Dat süll'n wi för uns' Nahkamen un in uns' ureigen Intress daun!

Unner dei Oewerschrift „Die Zeit läuft ab!", hebben nu 126 Nobelpriesdräger ein'n Brandbreif an alle Staatschefs schräwen. Dei international Kläuksten von dei intelligentesten Ierdenminschen „beschwören" disse Machtminschen nahtau, driewens wat tau ünnernähmen, üm „unumkehrbare" Verännerungen tau verhinnern: bi dat Weltwäder, bi Ökosysteme up uns' Kontinente orer in uns' Ozeane. Oewer wenn wi nu, up 'n letzten Drücker, blot dei Hänn in'n Schot leggen un nix wieder daun, warden wi bald alltauhop in 't apen Metz lopen! –

Ick hoff, dat dei Gräunen-Boewelsten denn' Appell ok läst hebben. So müssten sei intwüschen jewoll weiten, dat dei globale Klimawannel nich lüttkariert mit teigen Cent mihr för Benzin in Dütschland indämmt warden kann, sonnern blot, wenn ahn Utnahm all UNO-Mitgliedsstaaten ehr Ümweltpulletik von Grund up ännern! Näbenbi: Wenn uns' Ampelregierung 100 Milliarden (!) för Uprüstung von'e Bundeswehr utgäben will, ward för 'n Klimaschutz woll kum wat oewerblieben, obschonst jedein weit, dat 'n mit Kriegsgerät Fräden nich erholl'n un Klimawannel nich upholl'n kann!

Bereits erschienen:

978-3-356-02379-4 | 15,00 €

Liebe Leserin, lieber Leser! Wie hat Ihnen die Lektüre gefallen?
Bitte bewerten Sie uns im Internet.

Die Deutsche Nationalbibliothek verzeichnet diese Publikation in der Deutschen Nationalbibliografie, detaillierte bibliografische Daten sind im Internet über http://dnb.de abrufbar.

Lagerstraße 7, 18055 Rostock
Tel. 0381/4969-0
www.hinstorff.de

1. Auflage 2023
Herstellung: Hinstorff Verlag GmbH
Coverillustration: Carola Rong
Druck und Bindung: CPI books GmbH
Printed in Germany
ISBN 978-3-356-02442-5